ちくま学芸文庫

博徒の幕末維新

高橋 敏

筑摩書房

はじめに

稗史《はいし》と呼ばれる歴史があった。お上の「正史」の向こうを張って博徒・俠客、浪人、漂泊の宗教者・芸能者などアウトローが活躍する歴史である。中でも日本の歴史上幕末維新期は、稗史の主人公が主役を演じた全盛期であった。彼らは読本に書かれ、錦絵に描かれ、歌舞伎で演じられ、講釈や浪曲等で語られた。このようにさまざまな媒体を介して民衆のヒーローとなり、民衆の意識の中に浸透、沈潜していった。

ところが日本の近代史学は、一貫して稗史を、江戸時代の虚で固められた到底アカデミズムには通用しないものとして排除して来た。学問の自由を謳歌した戦後の歴史学に最も顕著であった。まして文部省検定の歴史教科書なんぞからはとんとお呼びではなかった。

一方、人々の歴史意識を考えるとき、稗史は近代史学や科学史観とやらによって決して淘汰されることはなかった。抑え込まれた稗史——この正史と稗史の乖離こそが歴史を不幸なものにしている。アカデミズムや公教育の場で正史の正当性を啓蒙、強制すればするほど、人々の歴史離れは加速し、虚構に今を映す時代小説やテレビ、映画に人々はやすらぎを求めることになった。

本書は博徒や俠客の稗史を取り上げる。もっといえば、博徒・俠客の稗史から歴史を語り直してみたいと思っている。

稗史を名乗ったからと言って己を卑下するつもりはないが、確かに正史に立ち向かうには力不足である。まず、裏付けとなる資料は問題にならないほど乏しい。しかし、これとても排除されてきた稗史の不運であって、とても五分とはいかないが、仕切り直して文献史学の方法を駆使すればそれなりに光明のひと筋やふた筋はある。まして歴史が人間を描くことにあるとするならば、稗史の登場人物を排除して歴史は成り立つまい。恣意的といわれようが社会体制の枠内に生きる人々だけで歴史を叙述するのでは、整合・合理の生真面目なお固い正史は出来上っても、複雑怪奇に生きている人間心理の模様の機微に触れることにはならない。

アウトローとして括られる博徒・俠客等が力一杯生きた幕末維新の激動を歴史学のふるいをかけて語ってみたい。かつて大衆小説や歌舞伎・講談・浪曲等で縦横無尽の大活躍を演じたアウトローであるので、虚実入り混って密着固結して出来上ってしまった歴史像の危うく薄い皮膜を一枚一枚剝ぎながら、一歩一歩史実へアプローチするより方法はない。

要は、丹念なフィールドワークによる調査の方途しかないのである。

博徒・俠客はいかに幕末維新を生き、時代を彩ったのか、まずは戯作者、講釈師等によってつくりあげられた既成の虚像から入って一歩一歩実へ近付く以外にない。作業は虚から実へ、実から虚へと面倒な繰り返しの連続であった。

ここ一両年、忘れられかけた稗史のヒーローの痕跡を索めて御子孫を訪ねる旅をつづけたが、その多くが一世紀半の時空を超えて今なお激動の幕末維新に生きたアイデンティティを見事に継承していた。正史に比すればのこされた証拠資料は稀少であるが、竹居《たけい》安五郎の生家山梨県八代《やつしろ》町竹居の中村通久家からは四〇〇点にものぼる文書が発見された。やればまだまだ望みはあるのである。

ところで本書には、博徒・俠客といえば常連の国定忠治や清水次郎長が主役の座にはいない。脇役か陰の役廻りである。アウトロー幕末維新史を彩るのは、甲州博徒の典型「吃《ども》安《やす》」こと竹居安五郎、その遺志を継いだ黒駒勝蔵（清水次郎長の敵役として知られるが実は〝草莽《そうもう》の博徒〟）、下総《しもうさ》天保水滸伝の張本人の勢力《せいりき》富五郎、彗星の如く現われ幕府を震撼させて消えた武州石原村無宿幸次郎、新選組近藤勇ら多摩グループと訣別した伊東甲子太郎《かしたろう》の御維新の野望に賭けた岐阜の博徒水野弥三郎らである。お決まりの筋書きを一変させたアウトローの明治維新史は成るのか。

それでは、稗史の時代江戸を抹消した近現代を飛び越えて、昨日・今日起こったかのように語る関係者の伝承の糸を紡ぎつつ、あくまでも文献史学の方法をベースにしながら、博徒の幕末維新究明の旅へ出発する。

目次

博徒の幕末維新

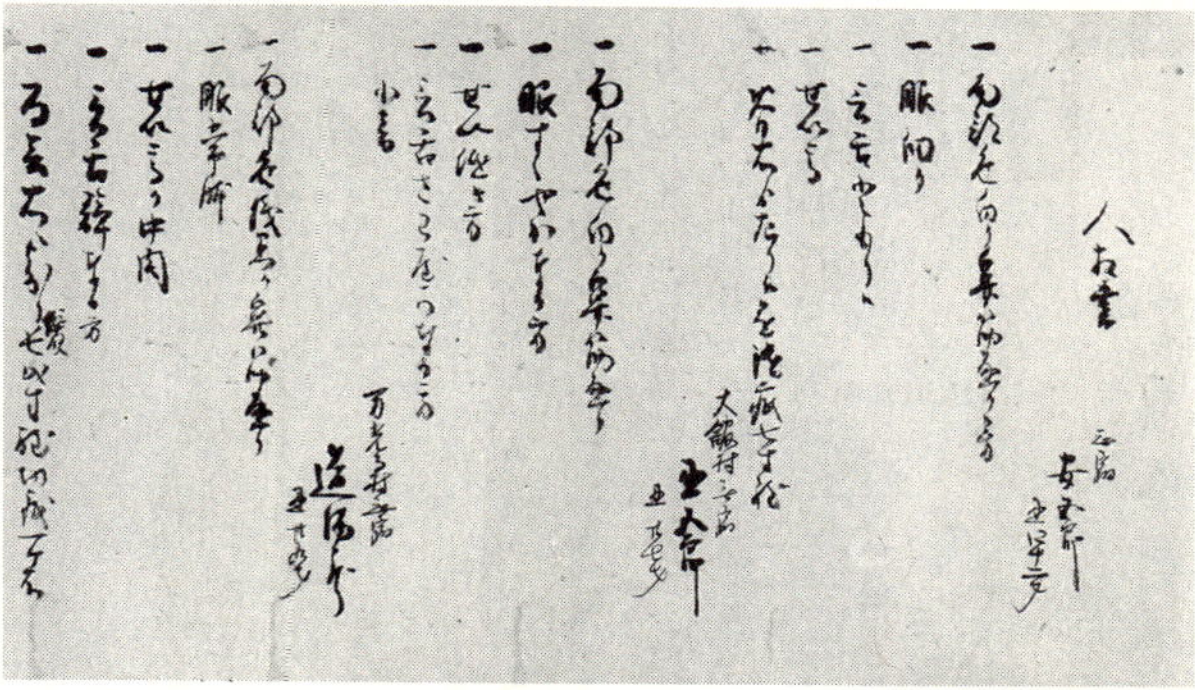

第一章

黒船と博徒竹居安五郎

——嘉永六年六月八日夜

島抜け甲州竹居村無宿安五郎人相書（新島村博物館蔵）

1　竹居安五郎新島を抜ける

島抜けの書き置き

嘉永六年（一八五三）六月八日深夜、伊豆七島の流刑の島新島《にいじま》から七人の無宿《むしゆく》の流人《るにん》が漁船を盗み、伊豆半島網代《あじろ》に向かって船出した。熟練の水主《かこ》二人を人質に取って航海案内させるなど前代未聞の島抜けを敢行したのであった。

七人とは甲州八代郡竹居村（現笛吹市八代町）無宿の安五郎（吃安の異称）四二歳を中核に組織された、一人を除き名うての悪の無宿者であった。

大胆にも島抜け発起の丑五郎《うしごろう》、貞蔵、角蔵の三名は「六月今晩」付の書き置きを島役人宛にのこした。島抜けの大罪を犯す流人が堂々と島役人に挑戦状を突きつけるなど未曾有の大事件である。

書置申一札之事《かきおきもうすいっさつのこと》

一、私共義去年四月十五日より此度之《このたびの》一件相談合《あい》きまり、昨年十月十八日安五郎江《へ》右之趣掛合ニ及候処《およびそうろうところ》右安五郎得心仕《とくしんつかまつり》、夫ゟ《それより》此度率《ひき》つれ候者共へ段々手当《てあて》等致《いたし》、此度為致供《ともいたさせ》候、且亦《かつまた》当所百姓共之義者《は》手当り次第人足ニ遣《つかい》候間《あいだ》左様御承知可被成《ならるべく》候、尚亦《なおまた》当嶋ニ置而《おきて》市郎左衛門・弥次右衛門之義者《は》流人共相手ニ致身分不相応之働《みぶんふそうおうのはたらきいたし》、益々不届目ニ余リ遁難《のがれがたく》候間、見せしめ之為打はたし申《もうし》候、扨亦《さてまた》、再々抜船仕《つかまつり》候相談致其中より出ちうしん(注進)仕候者共まゝ有之故《これあるゆえ》、右之者共ヲも打はたし申候間、御厄介ニ者《は》候得共《そうらえども》(ママ)死取かた付頼入申《づけたのみいりもうし》候、右之趣如斯《かくのごとく》ニ御座候

丑五郎
六月今晩　貞蔵
角蔵
嶋役人

(私共丑五郎、貞蔵、角蔵の三人は去年四月一五日より島抜けをしようと計画し、昨年一〇月一八日に安五郎に何とか一緒にやれないかと掛け合ったところ納得、賛同してくれたので、それから率き連れていく仲間を段々に手当てして造酒蔵《みきぞう》・源次郎・長

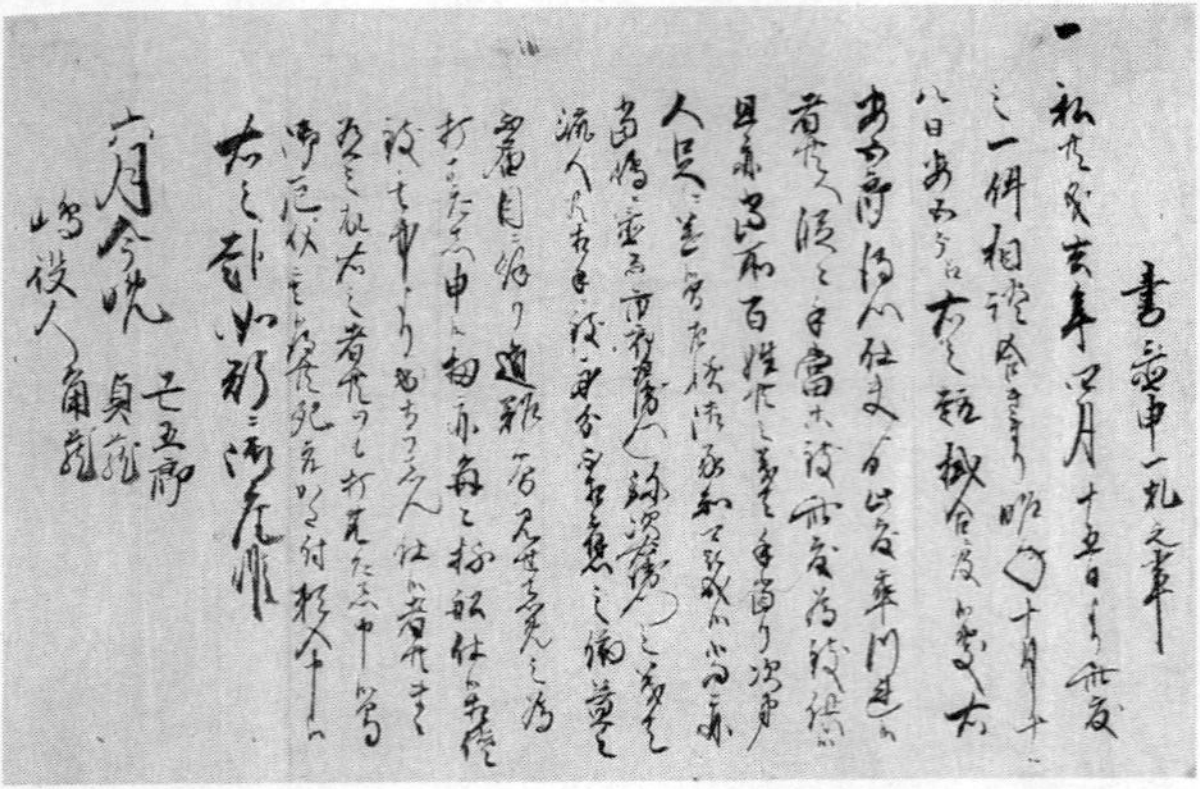

島抜けの書置。三人の識字力に着目してよい（新島村博物館蔵）

吉を供させることにした。こうなったら当所の百姓は島抜けに必要とあらば手当り次第に人足として遣いますので、御承知下さい。なおまた、新島において市郎左衛門と弥次右衛門の二人は流人に対し身分不相応に差別した不届きの行為が目に余りもう我慢の限界を超えているので見せしめのため打ち果たす。さてまた、再々抜船の相談をして来たのでその中から自訴するものが間々あるので、それらも打ち果たすので御厄介であろうが死骸の取片付方を頼み入ります。」

六月八日夜の蜂起の真最中にこれだけの覚悟の文を書く余裕はない。予め日頃押さえつけられている島役人に鬱憤をぶっつけ、堂々と島の御法度、島抜けをやってやるぞと、決意の程を認《したた》めたのであろう。

三人は一年二か月前の嘉永五年四月一五日に島抜けすることを決意した。流人の惨めさに反撥し、やるぞと勢いに駆られたものの二十代の三人では心許ない。腕力には自信はあってもいざとなったときの度胸と決断はまだまだ経験不足であった。三人はおそらく流人仲間で何かと重きをなしていた安五郎に思い切って相談を持ち掛けたのであろう。安五郎は悪は悪でも小博奕《ばくち》や出入りにまき込まれて島送りされた無宿者とは違い、甲州では名の知れた親分クラスの博徒であった。生家は竹居村の名主はもとより代官に代って郡中《ぐんちゅう》村々の警察取締りを委された郡中取締《とりしまり》の役職に就いたことのある名門の中村家であった。新島流刑時にあっても生家には母と兄が健在であり、なにかと安五郎を助けていたと思われる。

表1　嘉永6年新島島抜流人

名前	年齢	身元	流罪年
安五郎	42	竹居村無宿	嘉永4年4月
丑五郎	27	大館村無宿	弘化4年10月
貞　蔵	29	河内村無宿	嘉永3年4月
造酒蔵	29	万光寺村無宿	嘉永5年3月
角　蔵	25	無宿	嘉永5年3月
源次郎	39	岩槻宿市宿町 百姓音五郎弟	嘉永5年3月
長　吉	31	草加宿無宿入墨	嘉永5年9月

新島の安五郎

嘉永四年四月に新島に流されてから逃亡に至る二年余の流人生活を伝えてくれる恰好の史料がある。大事件の六月八日から三日後の一一日、島役人が安五郎の流人小屋を家宅捜査、押収した安五郎の家財の品々である。

安五郎所持之品

一、本類　九冊
一、古三布《こさぶ》ふとん　壱つ
一、渋紙　三枚
一、とてら　壱つ
一、小鍋　三つ
一、銭箱　壱つ
一、黒砂糖　壱桶
桶の中みハ石ニ土入有之
一、小屛風　壱枚
一、薄へり　七枚
一、むしろ　弐枚
一、徳利　弐つ
一、蓋茶碗　壱組

一、膳　弐枚
一、炬燵　壱つ
徳兵衛品
一、摺鉢《すりばち》　壱つ
一、背負子　壱挺
一、ふるい　壱つ
一、古単物《ふるひとえもの》　壱つ
一、鼠不入《ねずみいらず》　壱つ
一、たらい　壱つ
一、茶呑茶碗　五つ

同時に没収された丑五郎の家財が小屛風と鮓箱の僅か二点であるのと実に対照的である。安五郎は読書家であった。九冊の書籍を持ち込んでいた。安五郎のリテラシー（識字力）と知性を彷彿させる。衣食住の生活用具も流人にしては充実している。新島の暮らしで最も厳しいのは冬季の寒さであろう。安五郎は古着の単物にどてらを重ね、むしろ・薄べりの敷物にふとんで寝られる。さらに、徳兵衛から借りたのか暖房用に炬燵《こたつ》まで調達している。

食の方も小鍋（三）、摺鉢、ふるいの調理用具に膳、徳利、蓋茶碗、茶呑茶碗（五）の食器類を所持してこれを鼠不入《ねずみいらず》（食器棚）に収納している。ぜいたく品の黒砂糖を桶に隠して秘かに甘味に浸っている。安五郎は甘辛の二刀遣いであったのであろう。注目すべきは、大それた贅沢品でもないものの、島民に寄生してただ生きる流人の境涯とは違って自立した一家の構えが読みとれることである。茶呑み茶碗の五個は人寄せを暗示しており、島抜けの密議はろくな茶碗ひとつ持てない丑五郎ら三人でやっていてもいずれ洩れる。また、銭箱を持つ流人は稀らしい。遠く甲州八代郡竹居村の実家からの送金があったのであろう。銭箱に保管するくらいの金銭の持ち主でもあった。

六月一二日に浦賀番所に届け出された指名手配の人相書が安五郎の風貌を伝えて妙である。

此者儀《このものぎ》面顔《めんがん》色白く、鼻筋通り候方、眼細く　言舌どもり候方、背高く、背中右より左江《へ》下り鑓疵《やりきず》七寸程有之《これあり》

色白で鼻筋が通り背が高いとなればなかなかの男伊達《おとこだて》である。言舌のどもりは安五郎の異名となった。右から左への鑓疵《やりきず》は博徒の勲章である。流人の身とはいえ、かつて甲州で鳴らした博徒の貫禄そのままに仲間内では畏怖の対象であった。年齢四二歳、脂の乗り切

った悪智恵が冴えわたる。

丑五郎ら三人は一〇月一八日に思い切って安五郎に相談をもちかけた。

安五郎は納得し、一味に加わるというよりは親分に推され、引き受けた。島抜けは御法度中の御法度の大罪、洩れたら死あるのみである。秘中の秘、以後、安五郎の小屋で密謀が重ねられた。三人の書き置きには島抜けには手段を選ばない決意の程が認められる。ひとつは当所の百姓を手当たり次第に人足に遣うという宣言である。熟練の水主を二人も拉致し、船おろしから帆や舵等の設置まで手伝わせ、そして伊豆網代の目的地まで航海の案内をさせている。いまひとつは流人に対し差別的扱いをした島民を名指しして「見せしめ之為打はたす」との宣言である。同様に島抜けを密告する流人仲間に対しても「打はたす」と警告している。殺害人の死骸の取り片付まで依頼するほどの傲慢さである。いよいよ六月今晩がやってきた。三人の予告通りに事は運んだのか。

名主吉兵衛の殺害

嘉永六年六月八日夜、四ツ時（午後一〇時頃）七人は二手に分かれ、こともあろうに名主吉兵衛宅を表裏の両方から襲った。通常であれば流人支配の頂点にある村役の名主を真先に襲うなぞ考えも及ばない。緊急とあらば島民を人足に遣う覚悟であったが七人は名主に狙いをつけ一気に事を運ぼうとした。このとき名主前田吉兵衛家では当主の吉兵衛は七五歳の老衰の上、眼も耳も機能しない状態で病臥していた。

これに加え本来は名主職を継ぐべき嗣子吉六（五三歳）も中風を患い、寝たきりであった。頼みは孫の弥吉（二四歳）であったが、七人の悪党を前にしては女・子供を逃すに精一杯であった。七人は明らかに名主吉兵衛宅が老衰の主と中風で再起不能の息子を抱え、忍び込みやすいところと予め狙いをさだめていたきらいがある。しかも、逃亡に備え、のどから手の出るほど欲しい鉄砲を所持している。これが決め手になる。島内には支配韮山《にらやま》代官の配下はもちろん江戸勘定奉行の手の者もいない。武士は皆無である。地役人の神主前田家と名主前田家の二家が非常時に備え鉄砲を下げ渡され所持していた。名主が病人ばかりであることを調べ上げ、島の中枢を襲って鉄砲を手に入れ、それより船を奪って逃走しようと目論んだのである。むろ鰺割き用の小出刃《こでば》を穂先に鑓を仕立て大包丁を脇差代りにして乗り込んでいる。

鉄砲を渡せとの脅迫に老衰の名主は御法度を盾に抵抗する。中風の嗣子は無力で二四歳の孫が一手に対応する。拒否する吉兵衛の脇腹を造酒蔵が手製の鑓で一突き。丑五郎は左の二の腕を骨まで切り下げる。これがもとで吉兵衛は命を落とす。安五郎らは名主殺しの重科を背負うことになる。安五郎は祖父に代って頑強に抵抗する孫の弥吉を縛り上げ、右腕から臂にかけて骨まで七寸程大げさに切り下げている。それでも鉄砲の隠し場所を吐かない二人に業を煮やした七人は家さがしの上、御預り鉄砲二挺を見付ける（このとき玉薬は渡さなかったとのちに弥吉は弁明している）。帰りしな島中を混乱させようと角蔵は行灯の火を使って放火を仕掛けたが火事には至らなかった。名主宅を出た七人は島民の市郎左衛門（四四歳）、喜兵衛（三二歳）の寝込みを襲い、拉致する。このとき市郎左衛門宅を偶々《たまたま》訪れた源次郎の悴《せがれ》源吉を丑五郎が追いかけ脇腹を二か所鑓で突いて殺害した。島内の百姓を人足に遣うという計画通り、航海術に長けた漁師を道案内にする狙いがあったのであろう。

市郎左衛門は三人の書き置きの打ちはたすべく名指しされた人物と同名である。とすると予め狙いを付けて拉致したものか。

前浜に出た七人は船の扱いに手慣れた二人を脅かし、船小屋から源兵衛の持ち船を浜に下ろさせ、これに惣左衛門船の帆、惣兵衛船の舵と道具箱を付けさせた。島抜けに備え、必ず漁船本体から帆や舵、道具箱は取りはずして管理していたのである。

源兵衛船は新造船で最速を誇っていたといわれる。また、市郎左衛門、喜兵衛の二人は源兵衛船の船子で熟練の水主であったと伝えられている。最速の漁船を選び、最良最適任のベテランの水主に操船させるなんぞは悪智恵の最たるものである。因みに喜兵衛に至っては二十余尋（三六メートル）の海底から謀計《ぼうけ》網《あみ》用の煮釜を持ち上げてくる素潜りの名手であったという。

時は既に午の刻の深夜、島役人には「折《お》悪《りあ》敷《し》南風《く》」が吹いていた。島抜けには絶好の風向きである。水先案内役の市郎左衛門を舵廻りに、喜兵衛を二番帆網に据え「面舵上手」から吹く南風に帆をはらませて七人の流人は一路伊豆網代方面へ向けて順調に滑り出した。元来支配韮山代官の御膝元の伊豆、しかも網代辺に上陸するのは召捕らえられるために島抜けするようなものである。これを敢えて強行した安五郎には深い企みが隠されていた。ところでこんな大それた島抜けが成功するのであろうか。流刑の島新島はどうなってしまったのか。

2　流刑の島新島

無宿流人の増大

江戸から南南西へ約一六〇キロ、大島から四二キロ、伊豆下田から南東四六キロの太平洋上に新島はある。南北一一キロ、東西三キロの細長い島で低地の西海岸に本村、北西の小湾に分村の若郷村がある。

安永三年（一七七四）、家数三八三（本村三五〇、若郷三三）、人口一八八五人（本村一七〇九、若郷一七六）、これに一〇九人の流人が加わる。後年流人は増大していくが他はあまり変らない。

江戸幕府の犯罪者の行刑には、監獄を設け、これに収容して懲役を科し更生を図るという制度はなかった。刑罰の多くは所払《ところばら》いや追放刑で、犯罪者を排除するだけで究極野放し状態に置くことになって犯罪予備軍を増殖させることになった。ただ重犯にあたる者は遠《えん》島《とう》という離島に隔離する行刑が執行された。いわゆる島流しの系譜をもつ流刑であった。

江戸の寺社、勘定、町奉行扱いの遠島は八丈、三宅、新島の三島に送られた。江戸から遠隔であればあるほど刑は重いともいわれた。

遠島の刑罰は当事者の流人はもとより、これを受け入れた島々にとっても大変な受難であった。流人の歴史はまた幕藩体制治安警察の本質を余すところなく映す鏡である。

新島にのこる流人帳によれば寛文八年(一六六八)から明治四年(一八七一)の二〇三年間に一三三〇人を数える(新島村史所収「流人覚」による)。

また、流人帳は二世紀にわたる犯罪世相を映す鏡でもあって、個々の流人の境涯の愛憎、

表2　新島流人と無宿者

年	無宿	流人総数	無宿の割合(%)
1668～1677	0	9	0
1678～1687	0	10	0
1688～1697	1	25	4
1698～1707	11	72	15
1708～1717	13	43	30
1718～1727	9	36	25
1728～1737	0	8	0
1738～1747	1	37	3
1748～1757	3	64	5
1758～1767	16	56	29
1768～1777	15	69	22
1778～1787	7	30	23
1788～1797	29	111	26
1798～1807	31	71	44
1808～1817	31	64	48
1818～1827	51	82	62
1828～1837	66	115	57
1838～1847	81	166	49
1848～1857	73	134	54
1858～1867	43	72	60
1868～1871	19	56	34
合計	500	1330	38

出典:「流人覚」(新島村史資料編 II)

喜怒哀楽の人間模様の詰まった宝庫ともいえよう。この魔力にとりつかれてはいられない。ここはあくまでも幕末の無宿のアウトローの動静を明らかにすることにある。

因みに無宿とは宗門人別帳（戸籍）から除帳された犯罪者、あるいは予備軍を指す。建前上、公的秩序から排除されただけで日常の生活空間では混在・共生しているわけで、再犯の罪科によっては島送りとなるケースは稀ではなかった。

一〇年単位に流人数を集計し、そのうちの無宿者を抽出してみた（表2）。無宿はちょうど五〇〇人で全体の三八パーセントに当たる。一八世紀末から一九世紀の初頭にかけて無宿者が半数近くを占め始め、以降、江戸幕府の終焉まで流人となれば無宿者が幅を利かせる危険な状況がつづいたことが判明する。

新島の近世は流人なくしては語れない。流人は単なる厄介者であったわけではない。第一号の出羽国羽黒山天宥法印《てんゆうほういん》や一八世紀後半の飛騨の義民甚兵衛・勘左衛門父子の新島の文化や生活面に与えた影響は甚大なるものがある。また宮川一笑のような絵師の存在もある。大工や左官、黒鍬（土木技術者）等、技術を伝えた職人たちは島の暮らしには不可欠であった。しかし、一八世紀末から激増した無宿の犯罪者たちは博奕と喧嘩に明け暮れた名うての悪であり、島の治安維持上由々しき問題であった。まさに幕藩体制の崩壊の過程を治安警察の側面から証明したともいえる。

弘化三年（一八四六）四月新島を視察した支配韮山代官江川太郎左衛門英龍《ひでたつ》は、一九八人もの流人を抱える新島が常に食糧不足の不安を抱え、異国船が出没する昨今、上陸でもされたら流人の反乱を招き、実に危ない状況にあると指摘している。開国を武力で迫る異国船の外患を憂える江川にしてみれば、出来れば内憂の流人を置かないことが望ましいと勘定奉行に建言している。このころから無宿の流人と黒船は不安要因となった。

確かに流人は新島にとって重い不安要因であった。しかし一方、流人から見た新島の流刑生活は娑婆とは大違いの過酷なものであった。流人の直接の支配管理を一方的に委ねられた新島(本村、若郷村)では氏神十三神社の神主前田家の地役人を筆頭に名主、年寄の村役を置き、その下に五人組を構成、これに流人を配置し、全村を挙げて取り締まる体制をとった。村の物理的暴力装置を担ったのは若者組で惣頭、組頭、小頭の統率下、緊急非常時にいつでも対応できるよう備えた。

元来食糧の自給の困難な新島で生業を持たない流人の暮らしは厳しく、六割近くがこの島で果てた。生きて帰れたのは四割にみたない。

好天となれば新島から伊豆半島はすぐそこに、遠く富士山や南アルプスまで望むことが出来る。竹居安五郎は富士山の向こうに故郷竹居村を思い浮かべ望郷の念止み難い心境に襲われていたのであろう。やたら厳しく言動に目を光らせる島民たち、本土の実家からの物資の援助のない流人、多くの無宿は飢餓との闘いがつづく。芋ひとつでも盗めば捕らえられて粗末な牢に入れられ、より過酷な刑罰が科せられ死に近付く。こうなれば島抜けに

表3　新島流人島抜け

年(西暦)月日	内容	実行者	人数（　）は無宿	その後の処置
宝永2年(1705)12月	抜船企(未遂)	坊主栄仙ら	3(1)	宝永3.3.26獄罪
享保4年(1719)5月3日	抜船企(未遂)	無宿喜兵衛ら9名	9(3)	享保4.7.23獄罪(但し1名は獄門)
明和9年(1772)7月14日	抜船企(未遂)	無宿浪人白幡定之丞ら	4(4)出訴の藤七は褒美米	明和9.8.25死罪
寛政7年(1795)7月15日夜	島抜	野非人藤助、入墨織蔵	2(0)	相州江ノ島召捕、12月江戸表死罪
文化2年(1805)8月3日夜	島抜	無宿長吉、直吉	2(2)	不明
文化5年(1808)8月16日夜	抜船企(未遂)	無宿安五郎ら	3(3)出訴の庄吉御叱	文化6.11.18神津島へ島替
文化12年(1815)6月12日夜	島抜	無宿源弥、栄次ら	6(5)惣次郎、清七未遂島内牢死	房州小湊漂着後立分れ、源弥、栄次ら3名召捕極刑、1名行方不明
文政4年(1821)7月1日夜	島抜	無宿吉兵衛ら	5(2)	不明
文政6年(1823)5月24日夜	島抜	無宿源八ら	5(5)	文政7.2源八ら3名死罪、他2名不明
文政7年(1824)8月11日夜	抜船企(未遂)	無宿又五郎、抱非人福蔵	2(1)	又五郎死罪、福蔵神津島替
文政9年(1826)5月14日夜	破船のため未遂	抱非人清太郎ら	6(4)	清太郎ら4名縊死、2名牢死
天保8年(1837)6月	抜船企(未遂)	無宿林蔵ら	5(4)出訴の龍次郎褒美米2俵	4名島内にて牢死
弘化2年(1845)6月19日	追船のため未遂	中間伊三郎ら	4(1)	伊三郎溺死、他は牢死
嘉永6年(1853)6月8日夜	島抜	無宿安五郎ら	7(6)	伊豆網代上陸逃走
嘉永7年(1854)5月2日	抜船企(未遂)	無宿源右衛門	1(1)	召捕の節打たれ疵にて病死
万延2年(1861)2月27日明八ツ	抜船	無宿清吉、金次郎	2(2)	清吉は江戸表で召捕らえられ死罪
慶応2年(1866)3月4日夜	抜船企(未遂)	無宿幸松、金五郎	2(2)	島内あじあ浦で首縊
慶応3年(1867)5月3日夜	島抜	無宿清十郎	4(3)	不明
慶応3年(1867)8月15日夜	島抜(流人頭殺害)	田中春岱ら	6(2)	田中ら3名は大赦、他3名不明

出典：「流人覚」（新島村史資料編Ⅰ）

思い悩まぬ流人は皆無であったろう。なかには意を決し強行突破を図る者も出る。新島の流人史を彩るのは島抜けである。流人帳から丹念に拾ってみた(表3)。一九件、内一六件は一八世紀末からのまさに無宿者の時代に起こっている。挑戦者七八人中無宿者が五一人六五パーセントを占める。本土まで逃げた成功例は三、ただし、ほとんどは捕らえられ刑場の露と消えた。他は失敗して自決するか捕らえられ、島内であれば「金太まわし」の絞首刑、本土であれば引き廻しの上、獄門(さらし首)である。竹居安五郎唯一人が島抜けを一枚看板に復活する。

流人墓地の哀切

新島流人の哀切を伝えてやまないのが今も島内にのこる墓地と墓群である。本村の共同墓地、刑場跡、若郷の共同墓地の三か所である。島民の墓地に隣接する流人墓は今もなお手厚く供養され、手向けの香花は絶えることがない。

しかしそれとても、墓石は小さく、土中に埋没、碑銘は風化して判読に耐えない。まして刑場跡のそれらは幾世紀の星霜に耐えて島に刑死せし怨念が立ち昇る思いにとらわれた。しばし、島特産のコーガ石の墓碑に注目した。流人墓は明らかに石工《いしく》がつくったものではない。形態といい、碑銘といい、手作りである。特に生きた証拠《あかし》である刻み込まれた法名俗名等の文字が、識字力のベースであった最もわかりやすい御家《おいえ》流の書体である。芋ひとつ、豆腐一丁でさえ、盗みと決めつけられれば、松の枝にぶらさげられて「金太まわし」にされ、絞首刑となる流人の境涯は島民に比して実に軽い。流人仲間は仲間の死を悼んで新島の石を拾い手作りの墓碑を建立した。石工が使うような工具は到底許されない。流人たちは、許される一ぱい一ぱいの船釘で一字、一字、丹念に時間をかけて、指が血だらけになるまで彫りつづけたのであろう。流人墓の第一印象は日頃見慣れた定型化した墓碑と違ってひとつひとつが刑死した流人の生き様を物語る個性的芸術作品のようであった。流人の書いた文字は大小バラバラで整わず、くずし字あり楷書あり実用書体であるが、無秩序にそれぞれが自己主張している。

新島刑場跡の流人墓地

建立者は「同船中」といった、江戸から同じ流人船に乗船した島送り同期の仲間が多い。ここを訪れた安五郎たちは絶対にかくありたくないと身震いしたにちがいない。

若郷村の流人墓地もまた寂寥感迫る佇《たたず》まい

流人手作りの墓碑。
御家流の書体に注目

である。不規則ながら二列に並んだ墓は墓碑とは言い難い。本村に比して農業に恵まれなかった漁村の若郷には独立した流人小屋はなく、各戸に預けられた。食糧の自給に手一杯の若郷の家々ではその皺寄せが真っ先に流人に向けられたであろう。

村の娘に恋して島民から殺された「カナメオジイ」（松本要人）の伝承が真実味を帯びて胸迫る思いがする。

島役人の狼狽と島民のおののき

名主を殺害、鉄砲を奪取、漁船を盗み、熟練の水主に操船させて順風満帆島抜けを敢行した安五郎ら七人に島役人は我を失い、島民は恐怖におののいた。

新島の公式記録「島役所日記」は島役人の狼狽ぶりを伝えてあまりある。事件のあった六月八日から一三日まで六日間、日記は欠落している。この間対応に追われ、あわてふためいて日記を書く余裕がなかったのである。というよりは記録すべき事項が多すぎたともいえよう。

六月一九日に「今晩五人組頭集メ年寄役 幷《ならびに》抜船一件談し致ス」と初めて五人組と年寄

を召集、善後策を相談している。支配韮山代官の取調書には、事件の翌九日早朝から追船数艘を出して捜索したが空しく帰ったとある。船足の速い源兵衛船はいずこへか消え、行方は安五郎の胸の内であった。四日後の一二日付で年寄善兵衛は海の関所浦賀番所に役人惣代一〇人を乗せた市右衛門船に七人の探索にあたらせるので通行を許可するよう、手形を差し出している。この手形に七人の島抜けの経緯と個々の流人の情報が摘記されている。刀疵のある安五郎・造酒蔵と彫物（刺青）の長吉には詳しい特徴が付記されている。

安五郎ら一行の消息が新島に知れたのは偶々与次右衛門の廻船が江戸表より帰帆の途中伊豆網代口湊で、安五郎らに拉致された市郎左衛門・喜兵衛の二人と遭遇したことからである。探索に向かっていた市右衛門船の村惣代等が網代湊に入り、茂兵衛が付き添って二人は事件の届出に韮山代官役所に急いだ。お上をないがしろにした天下の大罪島抜け、しかも管下の伊豆網代に上陸・逃走するとは不届千万、草の根分けても探し出して獄門台に送るのは韮山代官の権威というものである。しかし、事態は平静、六月二四日与五右衛門漁船が関係者を乗せて網代へ向かい、二八日には盗まれた源兵衛船ともども帰島した。このとき韮山の郷宿（公事宿）鈴木範左衛門から書状が届けられ、「江川太郎左衛門様御勘定吟味役格被仰付候《おおせつけられ》ニ付、御老中支配ニ相成」と島抜けの吟味より英明の誉れ高い御代官様江川英龍の栄進を喜んでいる。

この、島抜けはどこ吹く風、勘定奉行支配の御代官様ではないのだ、老中支配だ、幕政の中枢の人となったのだという郷宿はじめ管下の人々の喜びはなんであったのだろうか。それというのも主謀者安五郎ら一味の指名手配の廻状、人相書の類が目下のところ、逃走ルートとして考えられる伊豆・駿河・甲斐には皆無であり、僅かに東海道原宿の豪農植松家の日記のなかに島抜けの記事が散見するのみである。それによれば韮山代官所で探索に当っているのは足軽同心衆一名と小者が二人である。凶暴な無宿にめっぽう強い手代柏木捻蔵、山田山蔵、矢田部卿雲らは黒船に忙殺されて手も足も出ない。この韮山代官の対応の甘さはどこから来るものか。

3　黒船の天祐

嘉永六年六月八日夜

　嘉永六年六月八日夜の伊豆国附島新島から一転世界に眼を転じてみよう。もっとわかりやすくは、今風に言えば新島の天高く上昇し人工衛星のカメラから日本を瞰視したらどうなるか。映像に映し出されてくるものは何か。

　嘉永六年六月三日未上刻（午後一時頃）相模国城ヶ嶋沖合に突如異国船四艘が姿を現わした。ペリー提督ひきいるところのアメリカ合衆国の軍艦が泰然自若、開国通商を迫って時折、大砲を撃っては、浦賀奉行の長崎への回航の説得を無視して相模湾伊豆近海まで乗り廻し、御府内近く江戸湾へ侵入しようとした。幕府の驚きは徳川幕府開闢以来かつてない。このときのお上の狼狽ぶりは下々の失笑を買った。

　毛唐人など丶茶にして蒸気船

うかされ出すと　夜るも寝られぬ

大砲で脅かし国を開かせようとするペリーに対してこれを迎え打つ、時の幕閣の首脳陣を紹介しておこう。将軍は「そうせい将軍」の異名をもつ徳川家慶《いえよし》。このとき既に病い篤く、黒船退帆一〇日後の二二日病没、幕府の混迷に火に油を注ぐ。執政は老中阿部伊勢守正弘、牧野備前守忠雅、松平和泉守乗全、松平伊賀守忠厚、久世大和守広周の五人。勘定奉行川路《かわじ》左《さ》衛門尉《えもんのじょう》聖謨《としあきら》、松平河内守近直、最前線で応接に当ったのは浦賀奉行戸田伊豆守氏栄。

鎖国の国法を盾に長崎へ廻るよう再三再四説諭するものの、敵はさるもの、その手は百も承知。大統領の国書を受け取ってもらうまでは江戸表まで進出せざるを得ないの一点張。これがアメリカの国法というわけである。押し問答の末、六日後の六月九日ペリーとその部下は完全武装で久里浜に上陸、幕府応接掛《がかり》の浦賀奉行戸田伊豆守氏栄にアメリカ大統領フィルモアの親書を手交した。ひとまず責務を果たしたペリー艦隊は六月一二日、明春必ず来ますからその時こそ開国をと、約束を取り付けて退帆した。鎖国の国是を圧倒的ペリー艦隊の武力の前に遂に成し崩しにされた幕府の混迷は一気に衰亡に向かって深まっていく。

六月八日夜の日本は黒船に震撼し、旧来の鎖国の国是の修正では如何ともし難いアメリカ砲艦外交を前に混乱の一途をたどっていた。幕府諸藩の関心はすべてが海上を自由自在に航海する四艘の黒船に目を奪われ、天下泰平の治政を忘れたかに見えた。幕府諸大名は黒船の圧倒的な武力に恐怖し、江戸湾の要所という要所に旧式の兵備を張りめぐらす御固めの防御に翻弄されていく。江戸湾の防備はもとより伊豆には下田に韮山代官江川太郎左衛門、伊豆海岸に沼津藩水野出羽守、本多備前守が配置された。

泰平の夢を貪りつづけた江戸幕府は開闢以来初めて遭遇した大ピンチを前に神経が張り詰めていた。そのちょうど真只中の六月八日夜、安五郎ら七名は島抜けを敢行したのである。新島の沖合には黒煙を吐く黒船とこれを監視する幕府、諸藩の小さな御用船が右往左往していた。また、伊豆の海岸線の要所には御固めの軍勢が張りつけられていた。

多忙の韮山代官、島抜けを許す

世情に通じた安五郎であるのでこの未曾有の時代の風を読んでこれを利用したのかもしれないが、まさに世界史的大事件の真最中に、吉と出るか凶と出るか、その現場近くから事を起こしたのである。

九人を乗せた漁船は南風に乗って企み通り伊豆東海岸の網代浦観音下の屛風岩に着岸した。空腹に耐え切れずとりあえず無人の海岸に漂着し飯をかっ込んでからの算段であったろうか。（火事場どろぼうではないがしっかりと米まで奪っていた。）偶然ひと気のない海岸の近くを黒船を追って小田原藩の御用船が通りかかった。これを見た市郎左衛門と喜兵衛の二人は海へ飛び込み、島抜けの大犯罪を訴えるが、役船の小田原藩の役人は一通りの探索はしたものの深追いはせず、所支配役所へ届けるよう言い残してあたふたと出張先の下田へ向かってしまう。島抜けの大事件の捜索より黒船の動向が優先するのである。七人は食事もそこそこ山深い伊豆へ隠れた。市郎左衛門と喜兵衛の二人は網代村の浦役人に訴え、韮山代官所へ出頭、事件の顚末を報告する。名主他若者一名を殺害され、鉄砲まで奪われ、二人が人質となってまんまと島抜けされた新島村の立場は、韮山代官の支配の不手際はあるものの建前上は面目のないこととなる。二人は厳重な吟味を受けて漸く、事件発生から二か月近くたった七月二五日に帰島した。

嘉永二年（一八四九）石原村幸次郎一味の無宿逮捕のときには鋳造開発した最新鋭連発銃のドントル筒まで持ち出して、迅速に鎮圧した韮山代官の対応は（第三章3節で詳述する）、今回は遅くまた不熱心であった。

韮山代官江川太郎左衛門英龍は黒船ショックに狼狽する幕府にとっては頼りがいのある切り札的人物であった。ペリーの黒船来航は、これに備えるに武器の鋳造はじめ特に江戸湾防備の緊急性を進言していた江川英龍の予見が適中したことになり、英龍は代官という低い身分の幕吏にかかわらず幕府の中枢に登用されることになった。

江川英龍は六月三日夕七ツ半時（午後五時ごろ）下田から黒船来たるの情報を入手し、

その夜九ツ時（〇時）韮山を出立、下田の防備に就いた。そこに勘定奉行から江戸召喚の知らせを受け、一五日韮山へ帰着、翌一六日出立して一八日江戸に着府、一九日、勘定吟味役に抜擢され、「海岸防禦之《ぼうぎよの》儀《ぎ》御用取扱《ごようとりあつかい》、本多越中守海岸為見聞附添《けんぶんのためつきそい》」を命じられた。そして七月一四日には台場建設のため神奈川から五大力船で川崎・浦賀水道、三枚洲、帰途には大森・品川を見分している。

ペリー艦隊に対抗しうるのは浦賀水道にあり旗山崎から富津を見通した地点に砲台を築造するのが良策とした。しかし緊急を要する防備に間に合わないため防禦線はぐっと下がって江戸湾内海の品川沖御殿沖となった。

島抜けの一大事を、訴えのあったであろう六月九日以降、七人を即急に手配し、代官の警察力を総動員すれば、さすがの吃安とて逮捕は免れ難い。しかし、韮山代官は多忙であった。それどころではなかったのである。混乱の幕府中枢の黒船対策に呼び出されて、下田から韮山、そして江戸へ直行させられそのまま江戸湾防備策の策定にと駆り出され、代官として支配所の執政に当たる余裕は全くなかった。

嘉永六年、六月八日夜の安五郎ら七人の島抜けは吉と出た。無宿の流人が堂々と島の名主を殺害し、鉄砲を奪い島民を徴発し、人質までとって島抜けをし、どこかへ消えた。並いる代官の中で治安警察に絶対の自信を自認した江川英龍とて七人の極悪人、特に主謀者の甲州の博徒竹居安五郎を見逃さざるを得なかったのであろうか。

黒船来航と無宿者の島抜けは同時に勃発したわけであるが、その後の日本歴史に新しい頁を切り開くことになっていく。

幕末維新幕府倒壊に向かって外から黒船が恐るべき圧力となって幕府に襲いかかった。と同時に無宿者のアウトローが、支配秩序のスキ間を縫って堂々と公的世界に踊り出たのである。

嘉永六年六月八日はまさに幕末の博徒・侠客が檜舞台に登場するアウトロー元年の初日であった。

4　安五郎は何故逃げられたか

何故か伊豆網代へ

　安五郎の策謀が冴え、未曾有の黒船の天祐が大いに味方したとしても逃げおおせることは至難の業である。七名のうち、ひとり岩槻《いわつき》宿の町人身分であった源次郎、無宿の丑五郎、造酒蔵、貞蔵の四人は江戸町奉行配下に召捕らえられ入牢中、付け火して脱獄を企て、安政二年（一八五五）四月二一日小塚原で源次郎は獄門、他の三人は磔刑に処せられた（藤岡屋日記）。のこる三人はその後が不明である。たとえ生きのびたとしても身元を隠し、潜伏変名の状態で暮らしたであろう。安五郎は違う。故郷の甲州に帰り、子分の黒駒勝蔵を配下に、以前に増して俠客として売り出していったのである。いやしくも、衰えたりといえどもひとたび露見した犯罪には建前上厳罰をもって臨む幕藩体制支配はまだ健在であるはずである。疑問はひろがる。まず何故に安五郎は網代屏風岩から甲州まで逃げおおせたのか。更に何故に甲州の一大博徒にサバイバル出来たのか。

安五郎が舵を網代に向けたのは偶然ではない。安五郎が秘かに決めていた甲州への逃走路と合致する。もちろん生死をともにした仲間にもこのことを明かしてはいない。単独では逃げおおせることは不可能と自覚していたであろう。だからと言って七人連れの流人は目立つばかりで却って邪魔になるばかりである。七人の仲間は渡海までである。おそらく伊豆山中のどこか分岐点で七人は再会を約すことなく「達者でな」とちりぢりばらばらになって思い思いの途を選択した。

安五郎の向かったのは田方郡間宮村（現函南町《かんなみ》）の博徒久八の所であろう。後年江川英龍主導の台場築造とのかかわりから大場久八といわれた森久八は伊豆を基盤に東駿河から甲州にかけて聞えた博徒の親分であった。安五郎とは兄弟分の間柄であった。久八を頼るのは端《はな》から安五郎の計算のうちにあった。

網代から間宮の久八のところまでは伊豆半島を南北に縦断する天城山系を越えれば容易である。韮山代官屋敷を避ければ熱海方面へ北上して峠越えで田方平野に出て間宮に至るコースである。黒船騒ぎでテンテコ舞いの韮山代官を甘くみればそのまま西行して韮山近くへ出て下田街道を北上するコースである。人眼に立つ陽のある時間帯は山中に暑さを凌いで隠れ、夜ひたすら闇を縫って久八を訪れたのであろう。驚く久八にことのあらましを話し、早速逃亡の相談となる。韮山代官を熟知した久八にしてみれば、恐るべき柏木捴蔵らは主人に従って江戸役所にあり留守、本拠の韮山も黒船で出払ってのこるのは臨時雇いの足軽小者ばかり。伊豆・駿河から富士川舟運、富士山越えのルートを握る久八にとって甲州のかつての安五郎の縄張りまで送り届けるのはさして難しいことではなかったろう。

それにしても久八と安五郎の関係は韮山代官にとって周知のことであった。両人とも韮山代官に捕らえられたことがあり、追放の身の上である。韮山代官は全力を挙げて安五郎を召し捕ろうとすれば、久八を見張ればおそらく御縄となったであろう。かくならなかった訳を黒船騒ぎと江川英龍のかかわりのみに帰すのは単純すぎる。韮山代官は何かの理由があって安五郎を逃す久八に目をつぶったのではなかろうか。それを解く鍵はかの久八の異名大場にある。大場は本来は台場の意で後年隣村の大場村に誤伝された。久八の村は間宮である。

江川英龍と台場の築造

韮山代官江川英龍はペリー艦隊の四艘の黒船が来春を期して去ってからがむしろ多忙を極めた。幕府にとって来春までに何とかしなければならない緊急の宿題が山積していたのである。最も緊急を要したのが将軍のお膝元江戸を、圧倒的な武力を見せつけた黒船から守ることであった。艦隊の大砲に対抗するには砲台を築き、ここに大砲を据え、迎撃することである。そこで急遽持ち上がったのが大筒《おおづつ》の鋳造と砲台の台場の築造である。泰平の夢を貪りつづけた幕府の軍制は戦国以来の戦闘技術の守旧あるのみで、外患を訴え、洋式軍制の採用を訴えていた江川英龍ら改革派は常に冷飯を喰わされつづけていた。そこに突如黒船が現われ、欧米の実力を見せつけられたのである。

幕政は大転換を余儀なくさせられ、江川英龍は中枢の実務担当者に抜擢されていった。まだ黒船が江戸湾にあった真最中の六月八日、ちょうど深夜安五郎らが島抜けを敢行したその日、かつては何かと邪魔されて認められなかった洋式砲術家の高嶋四郎太夫を手代に抱え入れることを許可された。もう一人忘れてならないのは中浜万次郎（ジョン万次郎）の登用である。前年一〇月、漂流後のアメリカ生活を打ち切って帰国していた万次郎の幕臣登用を建議し自らの手付に任命、ペリー対策の懐刀としている。

前日の七日には内海警衛台場に据付ける大筒を鋳造するための反射炉建設の緊急性を説き、一二日には下命を受けた。江川英龍に言わせれば台場築造に先行して大筒を鋳造する反射炉が焦眉の急であった。即刻、支配所の伊豆国賀茂郡本郷村（現下田市）に反射炉建築に着手させた。この任に当ったのが元締手代の松岡正平、八田兵助、手代岩嶋源八郎、山田熊蔵、市川来吉等である。江戸詰で内海台場の実務に当たったのが柏木捻蔵、中村清八、長澤與四郎、矢田部卿雲等である。韮山代官支配を支える腹臣の手代はすべて台場と反射炉の築造に駆り出された。

六月一九日、江川英龍は「勘定吟味役格　海岸防禦筋之儀御用取扱」に任命され、本多越中守の海岸見分に付き添うよう命ぜられた。代官職のみでは何かとやりにくいので老中

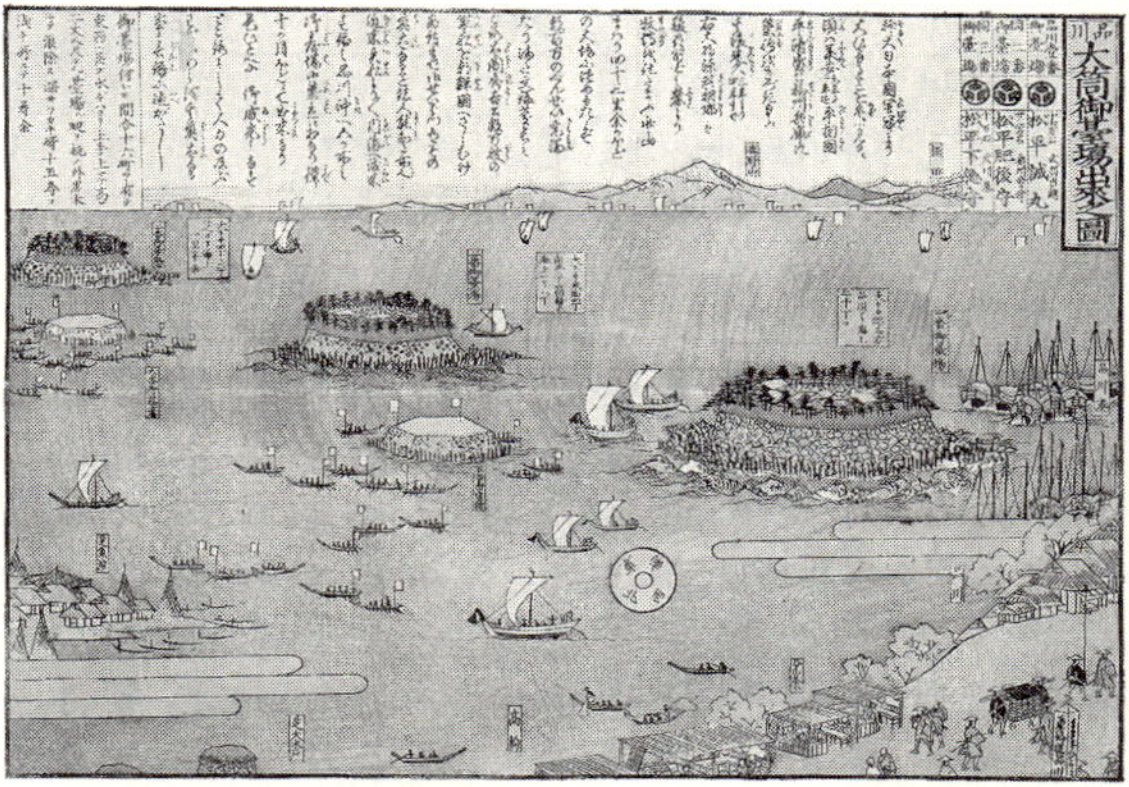

品川大筒御台場出来之図（品川区品川歴史館所蔵）

品川新台場之図（東京都立中央図書館東京誌料文庫所蔵）

表4　内海台場の築造

台場名	落札金額	落札請負人	工事状況	
1番	1万2400両	大工棟梁平内大隅	嘉永6·8·21起工	安政元·4竣工
2番	1万1620両	〃	〃	〃
3番	1万1390両	〃	〃	〃
4番	6695両	勘定所御用達岡田治助	安政元·正　起工	途中中止
5番	5567両	〃	〃	安政元·11竣工
6番	——	——	〃	〃
7番	3576両1分	勘定所御用達岡田治助	〃	途中中止
8番	——	——	——	
9番	3618両2分	勘定所御用達岡田治助	——	
10番	——	柴又村年寄五郎右衛門	——	
11番	——	〃	——	
御殿山下	——	勘定所御用達岡田治助	安政元·正　起工	安政元11竣工

支配の吟味役格に昇進させ幕政の中枢となった海防の任に当らせようとする老中阿部伊勢守あたりの配慮であろう。

七月二五日には台場の分間絵図・位置、模様雛形の作成、八月三日には大筒鋳立《いたて》に必要な銅鉄錫の金属の調達、大筒を乗せる車、台木等の設計取り調べを行い、ようやく台場の絵図面と大筒鋳造の企画書が立案された。江川が台場の設計に当って典拠にしたのは「エンゲルベルツ製城書」であるといわれている。

八月二八日、正式な幕命が下った。

勘定奉行松平河内守、川路左衛門尉、目付堀織部、勘定奉行吟味役竹内清太郎、吟味役格・代官江川太郎左衛門に内海御台場御普請《ごふしん》幷《ならびに》大筒鋳立《おおづついたて》御用が仰せ付けられたのである。大筒台場は一一か所とし、しかも手廻しよく、工事の請負人の入札まで行われた（表4）。

総工費七五万両余、埋立てのみで七万一〇〇〇両といわれた台場築造は幕府財政を揺るがしかねない大土木工事であった。しかしこれは来春ペリーがやって来るまでに完成しなければ役立たないのである。金に糸目をつけない大突貫工事とならざるを得ない。

一番から三番は大工棟梁平内大隅が三万五四一〇両で請負うことが決まり、すでに八月二一日より即工事が着手されていた。四、五、七、九番(二万九四五六両)は御勘定所御用達岡田治助へ落札された。落札額もさることながら江戸湾の海中、海岸に台場を築くこと、しかも速やかにとなると建築資材の調達からこれにあたる土工、人足を多数集めなければならない。土砂は御殿山や大名屋敷の築山等を切り崩せばなんとかなるが、土台となる石は江戸近くにはない。伊豆石、三浦石を至急採石・船積みして江戸に廻送しなければならない。廻船の調達、徴用も大変である。それよりも困難であったのが五〇〇〇人といわれる労働力の確保であったろう。幕府御用の大工棟梁や勘定所の御用達では無力である。おそらく切れ味抜群といわれた勘定奉行川路左衛門尉といえども、五〇〇〇人規模の土工、石工、人足を駆り集め、工事日程に従い組織的に就役させることまでは手が廻らない。この最も困難な仕事をこなした、こなさざるを得なかったのが、代官江川英龍であった。

嘉永六年六月黒船来航に狼狽、失策をくりかえす幕府にあって江戸ッ子の江川英龍の評価は「何をさせてもきらいなく、よくやります」(「見立当世評判記」)であった。結局命を縮め一年半後の安政二年正月急逝する。

御石方棟梁天野海蔵

安五郎の甲州逃亡に手を貸した大物がいる。内海台場築造に代官江川英龍の手先になって貢献、自身も大金を稼いだ甲州郡内境村《さかいむら》永役名主の天野海蔵《かいぞう》である。海蔵は甲州郡内谷村の特産甲斐絹を押えるかたわら、駿河国沼津と江戸に出店して薪炭業・廻船業を手広く営むいわば百姓身分でありながら豪商の顔をもつ政商に近い人物であった。海蔵は安五郎と同い年で若き日には甲州の風に触れて遊侠の群れに投じていっぱしの侠客を気どったといわれる。もとより竹居村の名主の子に生まれながら本物の博徒になった安五郎とは互いに相知る仲であった。甲州谷村は郡内騒動勃発の地である。独自の地域圏を形成し、代官支配の難しいところとされた。ここを任されたのが韮山代官江川英龍である。谷村に陣屋を置き、統治に腕をふるった。江川の善政は「世直し江川大明神」と神様にまで祭り上げられるほどであったという。江川の支配のやり方は管内の有力なやり手に目ぼしをつけ、人材を抜擢登用することにある。若き日ぐれたとはいえ侠気にあふれた境村名主の海蔵に目をかけ、何かと重用したであろう。もちろん海蔵の方も甲州から伊豆・駿河・江戸と商圏を拡大するのに英龍の力を借りたのである。

嘉永六年八月、待っていたかのように御台場御普請が湧き上がる。英龍と海蔵の利害は見事に一致し、海蔵は台場工事に必要不可欠の石の調達を任されることになったのであろう。それは「御石方棟梁《おいしかたとうりよう》」の役名に明らかである。御用石切出棟梁海蔵の活躍は目ざましく伊豆、駿河、房総、相州、遠州、三州、紀州、遠く讃州、豊後、伊予松山の廻船を取船し、伊豆石、三浦石等を江戸品川にかき集めている。天野海蔵は用途によって公私を使い分け、いくつもの顔をもつマルチ人間であった。さすがの天野海蔵でも調達出来ないものが人足の動員と差配であった。実際のところはそこまで手が廻らなかったというのが適切な見方かもしれない。何せ江戸城造営以来の未曾有の大土木工事であった。誰か頼りになる同志はいないか。ツキ合いの深い弟分の博徒間宮久八しかいない。

ここに海蔵と久八を結ぶ強い絆がつくられたのである。まさか旧知の安五郎が島抜けして現われることなど予想だに出来ないし、島抜けの大罪人を非公式とはいえ台場工事の人足の宰領に使えない。やはり久八以外になかったのである。

久八は韮山代官から公式に中《なか》追放された身の上である。武蔵、山城、摂津、和泉、大和、肥前、東海道筋、木曾路筋、下野・日光道中、甲斐、駿河それに生国伊豆の御構《おかまえ》場所に立ち入ることは許されない。しかしそんなことは言ってはいられない。おそらく海蔵は久八をよく知るくされ縁の手代柏木捻蔵に相談する。日頃お目こぼしを受けた久八は有無をいわずに口説き落とされたのであろう。もちろん、ひとまず中追放は目をつぶるという暗黙の了解である。

大（台）場久八の誕生

久八は伊豆国田方郡間宮村の父栄助・母のぶの間に文化一一年（一八一四）に生まれたが、十代から身持が悪く、除帳され無宿となるが、その後伊豆有数の博徒に成長する。天保一三年（一八四二）には博奕常習の罪で韮山代官に召し捕らえられ、中追放の処分となった。

追放のため伊豆はもとより東海道筋、駿河・武蔵に立ち入ることは許されていないにもかかわらず、嘉永二年（一八四九）には武州の博徒石原村幸次郎一味との東海道筋・伊勢路・駿河・伊豆にまたがる大規模な出入りに子分を引きつれ参戦、東海道三島宿と、富士参詣道の駿河国駿東郡御宿《みしゆく》村で相手方無宿者二人を殺害している。このとき久八は抜身の長脇差《ながどす》、槍や鉄砲で武装した子分を二二、三人引きつれ、百姓町人・無宿関係なく襲い殺害している。久八は武闘派の博徒の親分であった。韮山代官の追及を受けた久八は船を使って伊豆安良里村辺に身を隠し、山狩りを受けるが逃走、姿を消している。この年幸次郎ら出入りの敵方が次々捕らえられ江戸に送られ処刑されるなか、久八は生きのび、何もなかったように縄張りの伊豆を根城に嘉永六年の黒船騒ぎを迎えた。どうも韮山代官と久八の間に闇に光る一筋の糸が存在していたのではなかろうか。

内海台場の一～三番は嘉永六年八月二一日着工された。設計までは高嶋四郎太夫や中浜万次郎、矢田部卿雲ら有能な手代を駆使して西洋書籍エンゲルベルツ製城書を翻訳して漕ぎつけたものの現実に海中に台場を築造する大工事は並大抵ではない。内海御台場御普請掛は勘定奉行以下目付・吟味役五名の下、勘定組頭三名、勘定六名、吟味方三名、支配勘定二名の一四名が決まった。実際工事中となれば請負人を叱咤し工事の実際を差配していくのは江川配下の柏木捴蔵、松岡正平、長澤與四郎ら子飼いの手代であった。来春のペリーの再来までの守らねばならぬ期限が重くのしかかっているからには石積船の手配から石工、大工、人足の徴発まで代官支配のコネを最大限生かしてやりとげなくてはならない。こうなれば「蛇の道は蛇」である。人足の動員と宰領はそれなりの人物をあてなければうまくいかない。そこに浮かび上がって来たのが久八であった。

大場久八の異名の由来は次のようなエピソードによるという（戸羽山瀚「駿遠豆遊侠伝」）。

ある日、天野は久八に協力を申し入れた。海中に石塁を築くための石材と土砂を運搬するための人足を集め、その上久八自身が人足の取り締まりとして品川の現場へ出張ってほしいというのである。これは難題であった。うっかり首をたてに振ったが最後、命はないものと覚悟を決めてかからねばならない。しかし天野は兄弟分のよしみで是非とも承知してくれという。だが久八は断わり続けた。しかしついには韮山役所の柏木捴蔵の親書まで持参してきておみこしを上げさせようとするのだった。柏木は明治になって足柄県令になったが、この人からの呼び出しとあっては承知しないわけにはいかなかった。

役人ぎらいの久八も柏木には大恩があるので承諾せざるを得なかった。そこで早々に主だった子分を集めて相談をかけると誰ひとりとして反対するものはいない。そこで伊豆、駿河、相模の石工の棟梁たちに渡りをつけて配下の職人を動員してもらうことにした。

鳶職は都合がついたが大量動員が必要な土砂運びの人足が集まらない。そこで窮余の策、顔を利かし海道筋の雲助に声をかけ、間に合わせたという。また無秩序烏合の集まりの人足を働かせるのに頭を痛め考案したのが四斗樽に一文銭を詰めてにぎり拳が入るぐらいの穴をあけ、一荷毎にタルの中へ手を入れ、銭をつかみ出せばもらい得という子供だましの仕掛けをつくったという。この背景にはどうも御用普請には必ず催されたという御用博奕がある。

海蔵と久八の台場には後日譚がある。

安政元年（一八五四）の春になると、工事はほとんど完成に近く、数千人の人足の姿も次第に減少していった。その秋十月、ばく大な額にのぼる請け負い金が天野に支払われたのである。数十個の千両箱を十数頭の馬の背にして甲州の郡内へ急ぐ天野が道を左にとって間宮村の久八の家へわらじを脱いだ。久八に千両箱を一つ御礼のかわりにするというのである。久八は受けなかった。受ける必要もなかった。台場の親分としての手当て金はすでにちょうだいしているのだから、それ以外の金をもらうほど根性は腐っていないという。例によっての強情張りである。天野との再三にわたる押し問答でもがんとして受け取らなかった。

のちにこの一千両は、天野金と称して韮山代官所へ寄託された。韮山役所管内で生活に困るものや生業資金を必要とする者に限って若干の金が貸し出される仕組みである。無利息で返済は無期限だ。返したければ返す、いやならそのままでよし、借りたものの自由勝手である。だから伊豆地方では借りっぱなしの金のことを天野金というのだった。

天野金こそ韮山代官の私的金融のファンドである。また海蔵が安政大地震・大津波に襲われた伊豆下田に白米五〇〇俵、鍋一七六、蒲団五〇〇枚を救援したことが下田町津波見舞の記録に見える。台場工事発注の御役所のボス、勘定奉行川路左衛門尉の米二〇〇俵を遥かに凌駕しているのも海蔵の俠気と財力をあますところなく示している（下田市史資料編三　幕末開港上）。

嘉永六年六月九日か一〇日に安五郎は間宮村辺に久八を訪れた。そのときは内海台場は未だ話題にはない。しかし安五郎・久八・海蔵の三者は密接につながっており、甲州逃亡に際して陰に陽に作動した。裏は久八、表は海蔵が引き受けたと思われる。安五郎にとって逃げのびてからが問題となる。黒船滞帆中の島抜け前日に反射炉取立が持ち上がり、退帆の日には築造が江川英龍に下命されている。七月には台場の築造は具体化し、設計段階にあった。そして八月二一日着工である。この間、江川英龍の実務担当者柏木捴蔵と天野海蔵、久八の三者は急接近している。そこに島抜けしてひょっこり現われた安五郎がいたのである。

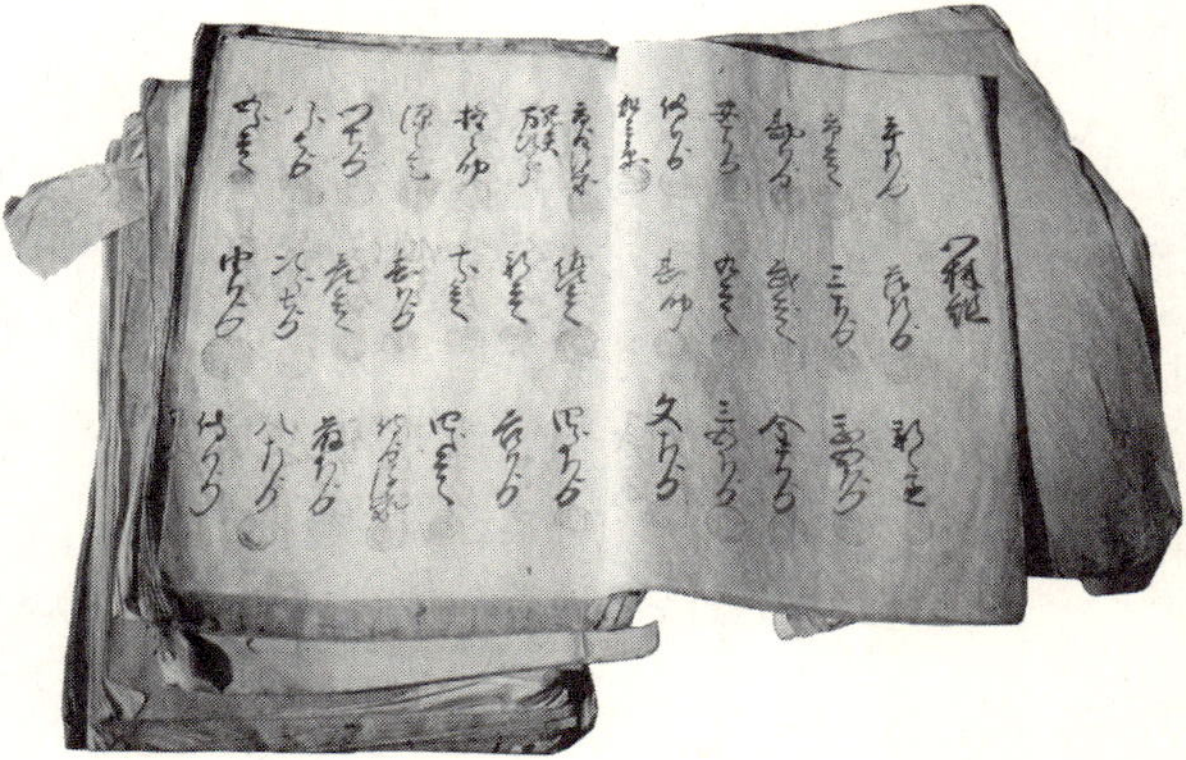

第二章

博徒の家と村
——博徒はいかに生まれしか

もの言う百姓——百姓連印議定

1 甲州八代郡竹居村

故郷竹居村への道

新島から伊豆へ渡海を果たし網代に上陸、博徒間宮村無宿森久八の庇護を受けて故郷甲州八代郡竹居村を密かにめざす安五郎につかず離れず跡を追ってみよう。いわば安五郎のお国入りの甲斐路の旅に同行しようという算段である。

故郷竹居村へのルートはさまざまなヴァリエイションが想定されるが基本は二通りとなる。ひとつは富士川舟運を利用するルートである。下田街道から東海道三島宿、西へ松岡、岩淵の両河岸から富士川を遡って甲州三河岸、黒沢河岸へ揚って一路東行すれば、八代郡、かつての縄張り地である。

いまひとつは陸路、三島宿から旧東海道を北上、御殿場から籠坂峠を越え旧鎌倉往還に出て、河口湖を経て大石峠越えの若彦路で竹居村に直行する。また吉原宿から北上する中道往還もある。島抜けの主謀者の大罪人、人相書が出廻っていることが充分予想される状

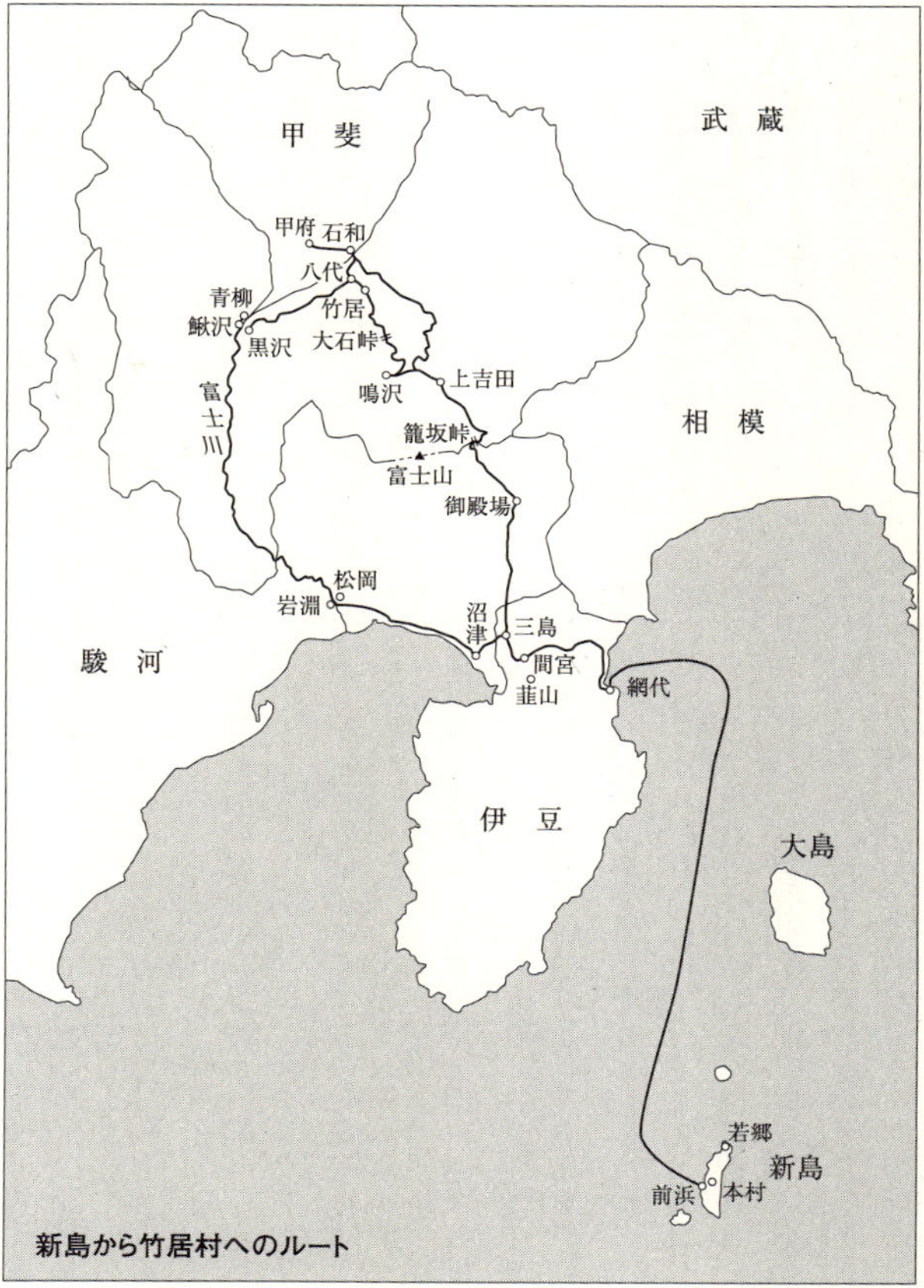

新島から竹居村へのルート

況下でのお国入りであるので、夜間、間道を選んでの逃避行であったろうが、黒船騒ぎで狼狽し、統制力を失い混乱の極にあった軍事、警察力を思うと、真昼間堂々と百姓町人になりすまして通行したかもしれない。

逃げる安五郎に立ちはだかる筈の沼津藩の混迷ぶりを原宿の植松家の日記が伝えている。六月三日黒船大島沖一艘、浦賀沖三艘の第一報に沼津城中は「混雑」に陥り、翌四日城主自ら早朝出陣（沼津藩の割り当ては下田湊、富戸《ふと》、稲取、白浜）、七日には御固め先の伊豆白浜へ黒船入津の虚報に驚きあわてて二番手、三番手を派兵している。東海道筋は諸大名の黒船飛脚の通行であわただしく、浮説が飛びかっていた。

故郷竹居村は内陸甲斐国のほぼ中央、笛吹川の扇状地につづき、富士山に連なる御坂《みさか》山地に南面するなだらかな丘陵地にある。前方には甲府盆地がひろがり、秩父山地の峯々や遠く八ヶ岳を望む景勝の地である。現在は丘陵を縫うように桃やぶどうの果実畑が見事に展開している。安五郎を迎えた甲州八代郡竹居村は一面桑畑ではなかったろうか。

一五〇年の時空を超えて安五郎の故郷竹居村を訪ねられるのは、今日なお八代郡八代町竹居で生家を守る中村家が健在であるからである。現当主中村通久さんに伝えられた四〇〇点余の文書が私たちを安五郎の時代に招待してくれる。加えて近世の村、竹居を今日に甦らせてくれる竹居区有文書も有力な手がかりである。あまり時間がない。急ぎこれらを繙いて安五郎を追おう。

竹居村は石高八〇五石一斗三升、田方四〇町五反九畝一七歩、畑方一九町一反六畝二四歩、これに新田畑の一二一石余（田二町九反一歩・畑一二町四反八畝一歩）が加わる。両方を合計すると村高九二六石余の大村になる。田畑比五八対四二となる。竹居村は御坂山地から笛吹川に注ぐ浅川から引水した用水による水田稲作の村でもあった。以降明治の地租改正まで変化はない。ただ、幕府から縄請《なわうけ》（検地）された公認・公式の村高であって二世紀半の徳川の平和にあって竹居村はさまざまな変動に見舞われている。

天保九年（一八三八）の家数は一七八、人口は七五九人（男三六七、女三九二人）、他に寺五か所、僧七人、熊野権現神主四人、山伏一軒四人の宗教者が加わる。一戸当たり平均五石二斗五升の石持ちは決して零細とはいえない。また、周辺七か村から六五人が一〇八石九斗入作している。

甲斐の国風

甲州の年貢は大切小切といわれ、九分四は通常の米で徴収される。のこりの九分三は小切と呼ばれる一両に四石一斗四升替、九分二は公定米価の江戸帳紙値段で換算する大切で、ともに金納とされた。大切小切の年貢は武田信玄以来の甲州一国の国風というべき独特の軽減措置である。

米年貢は鰍沢《かじかざわ》、青柳、黒沢の甲州三河岸に集められ、富士川を下って岩淵河岸で陸揚げされ、蒲原浜《かんばら》に運ばれ、小廻船で清水湊の御米蔵に収納、廻船で江戸蔵前へ送られた。内陸甲州と外界を結ぶ大動脈のひとつが富士川舟運であった。年貢輸送は村々の負担とされ、中継地の駿州岩淵河岸・蒲原浜、終着地の清水湊との関係は深いものがあった。文化一一年（一八一四）「甲州御廻米籾 幷《ならびに》 駿府清水御詰米御用」を清水湊の問屋播磨屋初治郎が請負いを願い出ており、前年の文化一〇年には運賃手数料（太儀料）が取り決められている。この取り極めに当たり、駿州三問屋と並んでいわば甲州天領を管轄する三代官所の廻米村々を代表する御三分物代として安五郎の父甚兵衛が署名捺印している。もちろん返り荷は内陸の命綱「塩」である。米と塩が富士川舟運の主たる荷であった。清水次郎長と甲州博徒がとかくやりとりが頻繁なのはそれなりの背景があったのである。のこる九分五は米を売って金で納める大小切となるが、一両四石余替の大切は換算は甘いが、小切は江戸張紙値段の時価相場の支払いとなって割高で重い。

一方、内陸甲州は蚕繁昌の国である。畑作を基礎にして養蚕生糸絹織物の発展を背景に村々は現金経済の中にあった。江戸と直結する甲州街道、北へ向って信濃から日本海まで縦断する脇往還のルートがモノとヒトの集散をもたらした。いやが上にも甲州の人気《じんき》は高揚する。

2 水論と山論の村――外に向かう竹居村

用水堰は村の心臓

甲州の村を彩るのは何といっても紛争・紛議の多いことである。竹居村もその例外ではない。まず生活基盤を支える浅川用水をめぐる北隣り奈良原村との宿命的争論である。奈良原村の上流から竹居村へ下る浅川の取水口の徳堰《とくぜき》をめぐる永年の訴訟である。徳堰に竹居の田場四〇町余の生命線がかかっているのである。徳堰は浅川の上流、奈良原村地内にあるが、慶長年間の開村以来竹居村の用水権が認められ、奈良原村はあくまでも竹居村からの貰い水とされた。ところが、奈良原村の開拓がつづくなかで水田開発を推し進める奈良原村は竹居村の既得権にさまざまな手段を使って挑戦しつづけた。

ひとつは徳堰の普請、修補に干渉してわが田に水を引こうとする動きである。そのたびに竹居村が提訴し、享和元年（一八〇一）から文化一〇年（一八一三）まで、寺社奉行、そして評定所まで巻き込んだ大がかりな水論となって支配石和《いさわ》代官所を苦しめた。なにせ徳堰は奈良原村地内にあるため、竹居村では用水慣行を守るため村を挙げて徳堰近くの芝間に水神を祀り「治河」と称して毎年四月辰の日に堰揚げを行っている。村の用水権を守るためには村民は一致団結をする。奈良原村から見れば「当村地内字坂下と申畑場《もうすはたば》 幷《ならびに》 用水堰ニ御座《ござ》 候 処《そうろうところ》、」「竹居村小前百姓大勢ニテ右堰端《みぎせきはた》幷畑添《はたそえ》草藪《くさやぶ》刈取《かりとり》」（村内の畑や用水堰であるにもかかわらず竹居村の小前百姓が勝手に堰のまわりや畑の草や藪を刈り取っている）ので理不尽となるのである。しかしこれとても竹居村から言わせれば既得権の用水を守るための当然の村普請なのである。鎌や鍬を持った百姓同士、暴力沙汰に発展するのは大して難しいことではない。村の自衛と暴力は紙一重のところにあったのである。

入会権を守る

用水と並んで山の共同利用は村にとって死活問題であった。秣《まぐさ》や雑木、木材等の取得は村の暮らしにとって不可欠であった。

安五郎の生家中村甚兵衛家に、いかに山の入会《いりあい》権を守ることが重大であるかを今に伝える竹居村他一五か村の苦しい山論の歴史の一端を証明する二通の文書がのこされている。一通は江戸の幕府評定所まで持ち込んで、山中の上芦川村と争った大口山の入会山論《さんろん》のときの延宝二年（一六七四）評定所からの差紙である。この年評定所の裁許が行われ、裏書御絵図面が竹居村に手交された。この訴訟の前年延宝元年（一六七三）正月二五日、上芦川村と竹居村等一五か村の百姓代表と裁許絵図を描く絵師の誓紙の案文が竹居村甚兵衛（安五郎の先祖）と北八代村与三兵衛へ評定所から渡されている。中村家が村の生死を決する山論に深くかかわっていたことが判明する。しかし三年後の延宝四年には入会権を担保するための山林利用税ともいうべき山手米、草金の負担の軽減を訴願する一五か村私領御領の惣百姓の奉行宛の文書ものこされている。ところで山論は大口山入会だけではない。

文政一三年（一八三〇）にはまたまた隣村奈良原村と原山をめぐって、奈良原村の百姓仲右衛門と忠兵衛が馬二疋《ひき》、鎌、山刀二挺を使って山林で密伐したことに発して大がかりな山論となった。奈良原村との確執は寛文一三年（一六七三）享保八年（一七二三）と争われており、両村の火種であった。入会権が侵犯されたとなれば、実力行使して現行犯で捕まえることである。馬二疋と山刀二挺は竹居村の村民、おそらく自警団の若者が押収した証拠である。ここにも自衛のための暴力がものをいう。

安五郎の時代に近づくと山論は村々の総力を結集した物量と知恵比べに発展し、複雑怪奇となる。

甚兵衛の逆訴

天保九年（一八三八）閏《うるう》四月朔日《ついたち》夕七ツ時（午後四時頃）大口山とその地続の崩山の山中で入会をめぐる「打擲《ちょうちゃく》」事件が発生した。この日竹居村の仙右衛門悴《せがれ》米蔵ら四人の若者が大口山内で秣を苅取っていたところ、増利村、砂原村の山守番人の徳兵衛が入会の地境侵犯であると見咎めこれを差し押さえた。近辺で秣刈りの作業をしていた竹居村の若者仲間一三人がこれを聞きつけて駆けつけ、言い争いとなり、逆に徳兵衛の「右之腕捻上《ねじりあげ》身体不自由ニ致置《いたしおき》」てそのまま秣を持ち帰った。徳兵衛から竹居村の若者の侵犯・打擲の一件の報告を受けた増利・砂原両村の村役人は即刻竹居村の村役人に、出方によっては支配石和代官所へ出訴すると事態の糺明を求めた。

まずは示談の内済《ないさい》を進めるのが紛争処理の常識、番人を打擲したと訴えられた竹居村が譲歩して「名主権之丞儀同村之もの共江《へ》幾重ニも相詫可申《あいわびもうすべし》出訴之《しゅっその》儀《ぎ》者《は》差扣呉《さしひかえくれ》候様」「三郎左衛門連印之詫書可差出旨《わびがきさしだすべきむね》」（名主の権之丞が幾重にも御詫するから出訴するのはやめてほしい、長百姓の三郎左衛門も連印した詫書を差し出すから）と出訴を止まるよう申し入れた。幸いに徳兵衛の「疵所無之《これなく》」「痛所為療治《りょうちのため》代白銀壱枚」（これといって後遺症はなく痛みの治療代として白銀一枚を支払う）ことで交渉が成立、一件落着の済口証文《すみくちしょうもん》の案文まで用意されていた。しかし相手番人の言い分を認め、一方的に増利・砂原に屈服することは竹居村の入会権を自己否定することになると反発が高まった。一七人もの若者が当事者となった入会争論である。一方的譲歩で事を収拾しようとする村役人の動きに反発して、増利・砂原こそ番人まで置いて竹居村の大口山入会権を侵犯するものだと、一転、増利村、砂原村こそ不当であると逆訴の挙に出たのが、長百姓の甚兵衛であった。このとき三八歳、安五郎の兄である。

甚兵衛は逆訴に当って村内の抗戦派の支持を背景に村役人から訴訟の一切を委ねるという一札を取っている。

差出申 頼状之事《さしだしもうすたのみじょうのこと》

一、今般私共村方ゟ《より》増利砂原大間田三ヶ村江《へ》相掛《あいかか》リ 候《そうろう》不法《ぶほう》出入《でいり》貴殿《きでん》惣代《そうだい》ニ相頼《あいたのみ》候、然ル上ハ江戸表ニおひて御吟味《ごぎんみ》御請答之 趣《おうけこたえのおもむき》 貴殿何様《いかよう》ニ茂《も》御取斗可被成《おとりはからいならるべく》候、其上何様之《いかようの》蒙 御裁許《ごさいきよこうむり》候共可申立様《もうしたつべきよう》無御座《ござなく》候、依之《これより》一同連印《れんいん》ヲ以《もつて》一札《いつさつ》差出申 処《さしだしもうすところ》如件《くだんのごとし》

天保九戊年

閏《うるう》四月　日

竹居村

名主　権之丞㊞

長百姓　利左衛門㊞

同　岡兵衛㊞

同　治郎兵衛㊞

同　治郎左衛門㊞

同　理兵衛㊞

同　郷右衛門㊞

同　三郎兵衛㊞
百姓代　源次右衛門㊞
百姓代　市右衛門㊞
同　伊左衛門㊞
同　伊　作㊞
同　太郎兵衛㊞

同村　甚兵衛殿
作左衛門殿

増利・砂原これに大間田が加わった三か村こそ不法であると訴え、江戸表の寺社奉行までもち込んで黒白つけようとする。お白洲の吟味での「御請答」は一切を甚兵衛、作左衛門の二名の惣代に白紙一任する。たとえ敗訴になろうが文句はつけない。甚兵衛は一札を村役人一三人から取って単身三か村を相手に寺社奉行に逆訴した。御寺社掛りとなるのは相手三か村が石和代官所支配、竹居村が天保三年（一八三二）石和代官から田安家領知に支配替えとなっていたためである。

村の実力者中村甚兵衛

甚兵衛は「田安殿領知甲州八代郡竹居村役人惣代訴訟人長百姓」と名乗って単身、増利・砂原・大間田三か村村役人を相手に、入会権を侵犯する不法であると寺社奉行に「乍恐《おそれながら》」の訴状を提出した。甚兵衛は当事者の番人徳兵衛と竹居村若者立合の実地検証をするよう主張した。検使の実況見分に当っては延宝二年（一六七四）評定所の「御裁許裏書御絵図面其外右山ニ拘《かかわり》候諸書物」を提出し、入会の境筋を「委敷申上《くわしくもうしあげ》」れば「歴然《れきぜん》境筋相分《さかいすじあいわ》」かると訴えた。甚兵衛は幕府のお墨付きの証拠資料にもとづき堂々と立て板に水の如く竹居村の入会権を擁護する自信があった。

その後評定所によって示談が進められ、天保九年七月二一日竹居村惣代甚兵衛と三か村村役人との間に済口証文が交わされ、評定所へ提出された。これによれば、番人徳兵衛と竹居村若者とのトラブルは徳兵衛が負傷したことにより当事者の岩吉他二人が別紙の詫書一札を出して収拾するが、肝腎要の山境の山論は「先年竹居村外拾四ヶ村与《と》上芦川村与山論御裁許之趣も有之《これあり》候ニ付都而《すべて》前々《まえまえの》之仕来通《しきたりどおり》」の実に玉虫色の決着となった。

延宝二年の評定所裏書御裁許絵図面を持ち出せば負けることはないという甚兵衛の読みは見事当ったといえよう。村役人の大勢が詫書を出して争論を回避しようとする動きを制して村内を抗戦の方向に転換させる組織力に指導者の力量がうかがい知れる。そして江戸寺社奉行にまで争論を持ち込む行動力と、吟味の過程で、裁く評定所自らが発したお墨付きを盾に弁論するなんぞは、黒を白にしかねない実力派である。この甚兵衛こそがかの安五郎の実兄なのである。因みにこのとき甚兵衛三九歳、安五郎二七歳、後述するが前年暴行事件を引き起こして兄に大迷惑をかけているがまだまだ島送りには至っていない。

3　紛争と議定の村

議定の村竹居

水論・山論にしろ外に対しては一村挙げて団結、執拗に訴訟に耐えた竹居村ではあるが、内にあっては紛争の絶え間のない騒がしい村であった。何より村人全員の署名捺印した連印形式の定書、議定の多いことに驚かされる。目下確認し得たものでも三三点に及ぶ（表5）。

竹居村は門林・南・下ノ川・室部・神有の五組の集落から構成されている。構成員は名主・長百姓・百姓代・惣百姓（小前《こまえ》）に四分され、名主は世襲制をとらず、組頭に相当する長百姓の中から選任・交替が行われている。百姓代は五組それぞれ小前百姓から選ばれ、組の利害を代弁する。

初見の享保一二（一七二七）と、一六（一七三一）の二点は村掟の遵守を誓った連印帳である。さして村内の利害の対立は認められない。しかし、村の総意を確認させ、自己責任

表5　竹居村の連印議定

	年(西暦)月日	表　題	摘　要
1	享保12年(1727)12月	村諸吟味法度之覚	御条目厳守など村のくらし20か条
2	享保16年(1731)12月	村諸吟味帳	博奕宿しないなど11か条
3	天明9年(1789)正月	村定書	百姓身分不相応の風俗禁止
4	文化8年(1811)12月	定書	本別御取箇割合方につき
5	文化14年(1817)2月	儀定書	御普請所につき出訴の入用金の出金につき
6	文政3年(1820)7月	相談議定	神主屋敷高の年貢につき
7	文政4年(1821)8月	取治内議定	年貢納米之儀等7か条
8	天保2年(1831)9月14日	仮議定之事	名主入札年貢諸役の割取等
9	天保2年(1831)	(議定)	年貢諸役明細箇条書
10	天保3年(1832)9月	惣代御願連印状	山論出入吟味のための惣代引受につき
11	天保4年(1833)8月27日	村法度	村方取極めにつき
12	天保6年(1835)7月	山論出金滞御願議定	村高に割合出金
13	天保7年(1836)11月3日	村法度	村の生活習俗
14	天保7年(1836)11月	村儀定	年貢勘定
15	天保7年(1836)12月	村儀定	田畑・山林の売買・質入れにつき
16	天保11年(1840)正月	村儀定	盗賊・野荒し・無宿取締りにつき
17	天保12年(1841)6月	村議定	名主役札入れにつき
18	天保13年(1842)4月	組合村倹約議定	公儀改革につき倹約
19	嘉永元年(1848)12月	村定書	村入用につき
20	嘉永2年(1849)7月	一村申合議定連印帳	博奕取締りにつき
21	嘉永3年(1850)11月	村議定	田方不作のため諸渡につき
22	嘉永4年(1851)3月	村議定	村役人人少のため新役人任用につき
23	嘉永4年(1851)3月	一村連印帳	帰り役人、村役人の就任につき
24	嘉永7年(1854)正月	道祖神祭礼議定	道祖神祭礼の執行につき
25	嘉永7年(1854)10月	村法度連印帳	不作につき村中一統倹約申し合せ
26	安政2年(1855)5月	村議定	他村への田畑売買禁止
27	安政2年(1855)8月	村議定	地所売買の禁止
28	安政2年(1855)12月	御年貢小作米村議定	年貢米小作米の取極め
29	文久元年(1861)4月	議定書	山論出訴につき入用割合
30	文久3年(1863)3月	村儀定	無宿取締りにつき
31	慶応元年(1865)11月	村法度議定	田畑不作につき一統相談の上諸法度取極め
32	慶応4年(1868)9月	儀定書	田安領知年貢米上納につき
33	明治5年(1872)11月	村法度議定	大小切廃止につき

を担保するため、全員に捺印させ連印としている。
文化八年（一八一一）十二月の「定書」を初見に、一変して紛争の収拾策として議定が次々とつくられていくことになる。

村内の紛擾《ふんじょう》とはいかなるものなのか、またこれをどのように取り治めようとしたのか。文化年間、年貢や夫銭その他村入用の負担と名主の選任をめぐって繰り返されたひとつの村方《むらかた》騒動を取り上げてみたい。このときの当事者の名主は甚兵衛である。おそらく天保九年（一八三八）の山論で獅子奮迅の大活躍を見せた甚兵衛の父親である。ということは安五郎の実父にも当たる。

文化七年（一八一〇）竹居村惣小前百姓一七五人中一三〇人の惣代利兵衛と両左衛門が年貢・村入用の割方から村政のこまごました運営に関するものまで実情を公開するよう求める訴え（今風に言えば情報公開請求）が名主甚兵衛に出された。名主甚兵衛のやり方に不満をもつ小前惣代の二人が小前を扇動し一三〇人をまとめて一騒ぎ起こしたのである。

①文化五年（一八〇八）の凶作時に減免された八〇石の使い方の詳細が不明である。村役人が四〇石、小前百姓四〇石押領（横領）したというが事実か。関係諸帳面を見届けたいので公開してほしい。

②年貢諸掛りの課税基準となっている小前の持高の登録記帳の誤りの入狂いがあるので小前の高調べをやり直してほしい。

③村入用の負担が近年益々重くなったというので、消費を抑制するために村内の小売酒屋を閉めさせているにもかかわらず、村役人は造り酒屋から四斗樽を取り寄せ酒宴を張っている。

甚兵衛は逐一ていねいな回答を行っているが、要は石和代官所から割付けられる年貢と江戸への廻米にかかる雑費それに不時の江戸訴訟の費用等の村入用負担会計の公開、そして軽減の執拗なまでの要求である。

扱人の登場

村内での収拾が難しくなり、山崎村伝右衛門と国府村新蔵が扱人《あつかいにん》となって年貢・諸費用の会計監査が行われ、両者の話し合いが持たれた。歩み寄りの手段《てだて》として扱人の二人は三か条の口上をまとめ、村役人に提示した。

手段口上書

一、訴訟方小前惣代ゟ《より》申立候諸勘定向手段書之《しょかんじょうむきてだてがきの》儀者《ぎは》追而《おって》巨細相認《きょさいあいしたため》、惣懸御目可申《すべておめにかけもうすべく》候《そうろう》

一、村方御年番附廻金《つけまわしきん》扱人方江《あつかいにんかたへ》申請度事《もうしうけたきこと》

一、今般村方為取納《とりおさめのため》村役人中九人一躰幷《ならびに》先達而《せんだって》論外之者破印之者を組合元組与《と》相《あい》

定《さだめ》、訴訟方小前与《と》引分《ひきわ》ケ、当午年ゟ来卯年迄拾ケ年之内別納組分可致筈《わけいたすべきはず》、然上《しかるうえ》者《は》諸帳面幷諸書物村役人中ゟ写之遣シ可申候《うつしこれつかわもうすべくそうろう》、且《かつ》右諸書物進退之儀者村役人中之内ゟ為取締《とりしまりのため》一両人相加リ名主役相勤可申候、然上者御免状御皆済目録之儀茂《も》名主役ニ而隔年奉請取《うけとり》之候積り、尤《もっとも》御用村用村役人一躰之儀ニ付以来以相談無故障村方取納専一ニ取斗《とりはからい》諸勘定向之儀茂旧例たりとも改正致可然儀者是又以相談取斗可申筈

右之趣今般御熟和専一ニ候条御承知被下度候間《くだされたくそうろうあいだ》、手段口上書懸御目候、以上

（文化七年）午九月　　山崎村　伝右衛門
　　　　　　　　　　国府村　新　蔵

御村役人衆中

（①小前惣代から訴えのあった年貢その他の諸勘定の件は追って巨細に調べて公開する。
②村方年番附廻金は扱人の二人に一任してほしい。
③村役人を支持する元組と訴訟方小前の別納組とに今後一〇か年分離する。別納組には村方諸帳面の写しを渡す。但しお上の御用は一村として務めねばならないので村役人中から名主を選び年貢割付・皆済《かいさい》の実務を行う。御用・村用は一体のものであるので、何事も相談をもって取り計らう。）

村役人主導の元組とこれと対決する別納組への分離案、以降一〇年間とはいえ異例である。しかし竹居村の特殊例ということではなく甲州の村落の活性化のあらわれとみてよい。

また、これにかかわって小前が執拗に糾弾する名主の年貢・村入用の不正についても、末木《すえき》村・栗合《くりあい》村の第三者が入って竹居村の村会計を査検している。

前文略

一、御年貢勘定ニ不正之由、小前申之《これをもうす》ニ付、此度扱人《あつかいにん》立会決算仕候処《つかまつりそうろうところ》、御本免勘定ニ者《は》聊相違《いささかそうい》無之《これなく》、尤《もっとも》米売迷銀《まよいぎん》掛ケニ甲金銀三百六拾匁余算違有之《さんちがいこれあり》候間、此分此度村方ニ而《て》割返候上者小前方ニ而も少茂《すこしも》申分無之候

右之通ニ而何分御相談被下候様奉願上《くだされそうろうようねがいあげたてまつり》候、尤《もっとも》様子御掛合之義者甚兵衛様江《へ》御渡し申入候間、宜《よろしく》御相談是又奉願上候、右之御返事被下《くだされ》次第小前方江も又々掛合申度、先者《まずは》早々

十一月十三日

末木

栗合

御役人中様

本年貢は全く不正はないが、諸費用のところの米売云々に銀三六〇匁（金五両前後）の計算違いがあるのでこれを割返すことにすれば小前も納得するであろう。やや多額な取り過ぎであるが、こと納税に関して実に精細でウルサイ村の小前たちである。名主にとっては本当に神経の休まる暇もないであろう。それにしても名主甚兵衛は調整に懸命である。

内目録と浚勘定

かくして名主甚兵衛は小前惣代と交渉を重ね、代官所から正式に受領した年貢割付状の他に村方用に内目録を作成してこれを村役人が披見することで村内の合意を得ようとした。そして内目録の年貢の明細の記載につづいて末尾に次のような文言と村役人の連印をとった。

右者《は》当午御年貢名主長百姓百姓代立合割合　仕候処《つかまつりそうろうところ》　相違《そうい》無《なく》御座候《ござそうろう》、以上

文化七午十二月廿四日

名主　甚兵衛㊞

善左衛門㊞

孫左衛門㊞

五良左衛門㊞

藤右衛門㊞

久右衛門㊞
太良左衛門㊞
善右衛門㊞
文右衛門㊞
百姓代　治右衛門㊞
利兵衛㊞
権左衛門
佐介㊞
伊兵衛㊞
丈兵衛

甚兵衛の言い分は、惣小前の年貢公開の条件は五組の小前を代表する百姓代が代って果たしている筈であるということである。

そして年貢の昨年分取り残しの分については詳細を認《したた》め、別紙の「覚」を作成して村役人の連署連印を取ろうとしている。

右者《は》去巳御年貢皆済《かいさい》御目録今般頂戴仕《つかまつり》候所、書面之通割不足仕候間、当午年勘定

ニ組入割合仕候所相違無之《これなく》候ニ付一同治得《じとく》仕候、依之《これにより》連印いたし置候、以上

文化七午年十二月廿四日

竹居村

名主　甚兵衛㊞

長百姓　五郎左衛門㊞

同　孫左衛門㊞

同　善左衛門㊞

同　文右衛門㊞

同　善右衛門㊞

同　藤右衛門㊞

同　久右衛門㊞

同　太郎左衛門㊞

百姓代　伊兵衛㊞

同　佐助㊞

同　丈兵衛

同　権左衛門

同　利兵衛㊞

同　　治右衛門㊞

どうも気になるのが百姓代丈兵衛と権左衛門の存在である。二人は本年貢のときも割不足分のときも捺印していない。惣小前の立合勘定連印の手続を経ない名主のやり方に納得しないのだろうか。

かくして元組と別納組に分離することでひとまず竹居村の村方騒動は収拾され、文化八年（一八一二）一二月の「定書」で議定調印された。

そして早速、文化八年一二月の皆済目録に関しては二人は捺印した。その理由は「覚」の文言にある。

覚

一、去午之御年貢皆済御目録頂戴仕候処、今般名主長百姓百姓代立会拝見仕、浚勘定相済申処少茂《すこしも》相違無御座《ござなく》候、依之《これより》一同連印致置候、以上

この年から名主、長百姓、百姓代が立会、拝見してから「浚《さらい》勘定」、つまり年貢会計のおさらい、やり直しをした、いわば監査を行ったというのである。年貢その他の税の徴収はクリーンであると惣小前の代表の百姓代二人も認めて捺印したのであろう。

そして翌九年になると竹居村元組では最も関心の高かった年々増減の激しい入用夫銭の割合負担について関係者全員（他村入作のものまで含めて）に捺印を求め、連印帳をつくっている。名主甚兵衛他長百姓四、百姓代二、惣百姓九五、入作二〇である。これで年貢・村入用の会計問題が収まったわけでは到底ない。複雑化する村財政にもの言う小前は決して黙っていないからである。なにかにつけて諸帳面の披見、監査を要求して紛議を醸成する。

村役人を入札にせよ

一方で小前百姓の根強い要求が村役人、特に名主・百姓代の入札《いれふだ》による選挙、信任投票である。長百姓は領主公認が絡む家格の問題であるので入札には馴染《なじ》まない。名主と百姓代は小前の総意で選任すべきというのが一貫した言い分であった。

　文政四年（一八二一）八月、元・別納両組の小前とのやり取りのなかで手交された「取《とり》治内議定《おさめうちぎじょう》」の八か条中に「名主百姓代取立之儀《とりたてのぎ》ハ当役を除入札可致筈《のぞきいれふだいたすべくはず》」（名主と百姓代は現職を除き入札で決すべきである）とある。実に大胆な民主的提案である。

　天保二年（一八三一）九月一四日南組小前惣代幸右衛門は五か条の「仮議定」を長百姓立入人の甚兵衛に提出している。第一条に次のようにある。

一、五ヶ組へ小名主相定可申《あいさだめもうすべし》、五ヶ組之内ニ而《て》大名主兼可申《おおなぬしかねもうすべし》、尤《もっとも》村中入札ニ而相
定　扨又《さてまた》小名主定之儀ハ其組限りニて相定可申候

竹居村の門林・南・下ノ川・室部・神有五組それぞれに小名主を決め、その中から大名主を選任・兼職とし、すべて村中の入札で決するという趣旨である。小名主はいわば各組の小前が選ぶ百姓代であるので名主を長百姓から選ばないという妙案である。明らかに長百姓甚兵衛を村政から遠ざけようとする企図がミエミエである。こんな小前勝手な名主選任案は村役人が認めるところにはなろう筈はないが、名主・百姓代入札の流れは止まるところを知らず、甲斐の村々の風、人気《じんき》となっていた。

甚兵衛は名主職にあるときはもちろん長百姓としても、親子二代にわたって何かにつけて紛擾を喜ぶウルサ型の小前を相手に村政を切り盛りしていたのである。村内では多数派をつくるにはどうしたらいいのか。財力でもない。単純に武力でも決してない。実力が求められていたともいえよう。

4　村の自衛と暴力

郡中惣代代兼甚兵衛の建言

内陸甲州の活発な経済活動は大きな社会変動となって村内外に及んでいた。村の権益、個々の村人の利害がぶつかり合ってまさに紛争と議定の村が日常の状態になっていた。そこには村の公文書からはなかなか見えて来ない公的秩序からはみ出した者が少なくない。

一転視点を変えれば陸上・水上の交通網・流通網が錯綜する甲州においては、関東特有の長脇差で武装した無宿の通り者などと称する他所者が横行して犯罪を引き起こすだけでなく村々に逗留して博奕等を介して親分・子分の博徒集団を形成しようとしていた。もちろん、甲州の治安の悪化を他所者のせいにのみ帰するわけにはいかない。甲州の村々の内部に通り者の無宿を迎える予備軍が生まれていた。

このような事態に甲州の三分代官（甲府・石和・市川）では天明七年（一七八七）頃から郡中惣代を置いて支配の強化を図った。郡中惣代は郡中村々の有力な名主クラスから選任され、年貢米の江戸輸送、陣屋の運営、諸布令の伝達・訴願手続などの他、治安維持にまで関与し、代官支配の補完に当った。

隣村奈良原村との長期の水論に打ち勝ち、村内では年貢その他諸掛りの勘定が絡んで散々小前百姓に責めたてられながらも第三者他村の仲介の扱人を入れて竹居村内の収拾に専念していた甚兵衛（安五郎の実父）の力量は、郡中村々の認めるところとなり、郡中惣代そして石和代官の注目するところとなった。

村方の騒ぎが一段落した文化一四年（一八一七）甚兵衛は八代郡夏目村他二三か村郡中惣代上黒駒村名主太助、大間田村名主権三郎の代兼という別な顔を見せて登場する。そして石和代官支配所管下の村々の治安状況が甚だよろしくないから厳重に取締る旨の法令を流すよう石和代官に願い出ている。因みにこのとき甚兵衛は名主を退き、長百姓である。他の二人は川中嶋村の名主と赤尾村名主である。

乍恐以書付奉願上候《おそれながらかきつけをもってねがいあげたてまつりそうろう》

一、今般私共奉願上候者《は》当御支配所村々之内江《へ》近頃無宿体之者大勢入込居《いりこみおり》、浪人、難《なん》舟船頭《せんせんどう》其外《そのほか》金毘羅《こんぴら》参抔与《まいりなどと》申立《もうしたて》、村々名主宅者勿論家別同様百姓宅江罷越《まかりこし》合力《ごうりき》を《て》乞《こい》候ニ付少々宛之合力差出候得者《そうらえば》不足抔与申、又者穀物等差出候得者穀物ニ而者

不相成《あいならず》抔与女子共斗《ばかり》之宅ニ而別而種々ねたりを申、旁以《かたがたもつて》甚迷惑仕候《つかまつりそうろう》、殊ニ其外無宿体不見馴《みなれざる》もの多分入込申候、右様之ものとも徘徊致居候者道中筋旅籠屋等ニ逗留為致置《いたさせおき》候由風聞有之《これあり》、在々ニ而も心得違之者有之、内分ニ而止宿為致《いたさせ》候族有之哉《これあるや》ニ奉存候《ぞんじたてまつりそうろう》、当御支配所駅宿者勿論在々村々ニ而茂《も》万一心得違之もの有之右様之宿仕《つかまつり》候ハヽ、是ゟ《より》相改一宿たり共決而不致様《けつしていたさずよう》村々名主ゟ厳敷《きびしく》小前江《へ》申聞候様乍恐《おそれながら》御触流《ふれながし》被《く》成《だ》下《し》置《おかれ》度《たく》奉願上《ねがいあげたてまつり》候、在方村々之内者身元不宜《よろしからざる》ものを借家等為致置《いたさせおき》候由、是又風聞御座候得とも御威光ニ無之《これなく》候而者紕《ただし》方《かた》取調行届兼候哉ニ奉存候間、右様身元不正成者とも差置候村方心得違有之分者早速借家引払《ひきはらい》候様御触流奉願上候、且又恐も不顧《かえりみず》奉願上候御儀ニ者御座候得とも、御支配所村々召抱番非人共義茂御召出被成下《なしくだされ》、無宿体浪人もの見当り次第一村限り送り出し、決而徘徊不為致様《いたさせざるよう》時々見廻油断不仕取斗《つかまつらずとりはからい》方厳重被仰付被《おおせつけられくだ》下置《しおかれ》候様奉願上候、依之《これより》物代連印等を以奉願上候、右願之通御聞済被成下置候ハヽ、広太御慈悲難有仕合《ありがたきしあわせ》奉存《ぞんじたてまつり》候、以上

文化十四丑年

六月

郡中物代

上黒駒村名主

太助

大間田村名主
権三郎

右代兼
竹居村　甚兵衛
川中嶋村
名主　三郎兵衛
赤尾村
名主　治郎右衛門

石和
御役所

（①近頃無宿者らしきが大勢入り込んで浪人、難船船頭、金毘羅参りなどと称して名主はもちろん百姓宅まで訪れ合力（喜捨）を要求し、少銭・穀物ぐらいでは不足のもの言い、女・子供ばかりの家では弱みにつけ込んで種々ねだりを強要している。甚だ迷惑であるので街道筋の旅籠はもとより在方村々で止宿させないよう御触れを管下村々に流してほしい。②在方の村々で身元よろしからざる者に借家させている風聞があるので即急引き払うよう命じてほしい。③支配村々で抱えている番非人を召し出し、無宿者浪人が見当たり次第一村限りの村継で送り出し滞留徘徊させないよう命じてほしい。）

甚兵衛は浪人や無宿者が街道筋と言わず村々の内に入って徘徊するだけでなく、借家までして定住する事態に治安の悪化を憂慮している。背景に長脇差を帯した無宿者の組織化の動きを探知したからであろう。この事態に、石和代官が法令を発しこれを断固として取締る強い意向を示し、番非人を使ってまで実力で排除することを提議したのである。

名主として長百姓として村政をリードした甚兵衛は郡中物代に成り代って代兼の肩書きで石和代官にしっかり治安を守るよう本腰を入れて欲しいと要請したのである。

甚兵衛郡中取締役に選任さる

文政六年（一八二三）二月朔日、石和代官から「申渡《もうしわたす》儀《ぎ》有之《これあり》候《そうろう》間《あいだ》四日四ツ時一同可罷出《まかりいづべき》者也《ものなり》」（申し渡すことがあるから四日午前一〇時に出頭するように）との差紙が届けられた。二月四日正装・緊張して平伏する甚兵衛に対し、石和代官は郡中取締役選任を申し付けた。郡中取締役がわざわざ郡中惣代とは別に選任されること自体、治安問題がのっぴきならないところまで来ていることを示していたともいえよう。

甚兵衛は郡中取締役就任に際して石和代官に誓紙ともいうべき請証文を二通差し出している。一通は職務・職責に関する心得の一札である。もう一通は郡中取締の実務を指示された「請証文」である。その末尾に長百姓甚兵衛の郡中取締役就任を承認、一致協力するという趣旨で竹居村の村役人二六人、惣百姓一三六人が連印している。

甚兵衛が選ばれた経緯は「郡中目立候もの共之内」「常々御用向大切ニ取扱、平日身持等宜《よろしき》趣《おもむき》粗々《あらあら》被及御聞《おききおよばれ》候」（郡中村々の中で特に目を引く切れ者の中から常日頃の支配の御用を大切に取り扱い、平日の身持ちがよいとの評判が代官の耳に入った）からである。甚兵衛の、村内にあっては小前相手に、村外にあっては隣村奈良原村との水論・山論をリードした手腕が高く評価されたのであろう。まさか後年四男の安五郎が石和代官を相手に悪業の限りを尽くすなんぞはまだまだ思いも寄らない。

郡中取締役を改めて置いた理由は前の文化一四年の郡中惣代代兼甚兵衛たちが指摘した治安の悪化にある。「郡中村方之内博奕之外之賭勝負」（博奕・賭勝負の日常化）に加えて新たな憂うべき状況があった。

「無商売ニ而《て》同類を集、通者《とおりもの》と唱《となえ》、身持《みもち》不埒成者《ふらちなるもの》子分《こぶん》抔《など》と号し抱置《かかえおき》、或者《あるもの》百姓不似合長脇差ヲ帯、目立《めだち》候衣裳ヲ着シ、風俗不宜《よろしからず》」（無職の無宿者が同類を集めて通者《とおりもの》と自称して身持ちの悪い百姓の子弟などを子分と呼んで抱え置いて百姓身分にふさわしくない長脇差を帯刀して目立つ華《はで》な異装をして風俗を乱している）世の有り様にあった。ここには無宿者の単発の発生ではなく親分子分の縦秩序にもとづく組織化の動きがある。しかも日常化した博奕を活計の資にして長脇差を帯び異装して敢えて百姓・町人とは違うのだと公然と自己主張して来たことである。博徒が結集して一家を構え、公的支配から離脱・反抗する事態に立ち至っていたのである。石和代官の郡中取締役に対する指示は次の三点であった。

①無宿の通り者いわば博奕集団の実態の早急な糺明と報告、そして博奕現行犯の逮捕、②役目柄の公私混同の厳禁、③公事《くじ》出入《でいり》の内済の督励——どれもこれも甲州村落社会が直面する厄介な難問であった。②は代官のお墨付を貰って人選しても警察権の行使を委ねられた郡中取締役の資質の問題である。ねばり強く交渉に耐え、筆算に明るく弁も立つ、いわば郡中で目立つ切れ者は得てしてミイラとりがミイラになる危険性を秘めている。③は石和代官が悲鳴をあげるほどの公事出入の多さが背景にある。犯罪事件が増大する一方で水論、山論、村方紛争から金銭貸借等のトラブルが増大し、訴訟事務はパンク状態にあった。争いは江戸の三奉行、評定所まで持ち込まれることも多々あり、その度に代官は対応に追われた。郡中取締役の主要な任務は未然に公事出入の発生を防止すること、それでも勃発したときは間に入って内済させることであった。

郡中取締役の実務

石和代官はつづいて郡中取締役の実務について次のように定めている。

①一、御代官様御廻村之節ハ半天股引《はんてんももひき》着用、脇差ヲ帯、組合持場村方御案内可仕事《つかまつるべきこと》
　但シ村々為取締《とりしまりのため》廻村之節も半天ヲ用、脇指ヲ帯候《そうろう》義不苦《くるしからず》候事

②一、村々為取締廻村之節ハ村限り名主方江《へ》手札相渡、銘々手帳江も何月幾日見廻リ申済相記、村限リ名主印形取置可申《もうすべく》候、村々名主共ゟ《より》右見廻リ之趣御用序《ついで》之筋御役所江上候様被仰付《おおせつけられ》候事ニ候段被仰渡《おおせわたされ》候事

③一、悪事之心当リ有之《これある》村方江不時見廻リ候節ハ、其村番非人召連候義不苦候事　但シ時宜依寂《じぎによりも》寄《より》村方番非人召連候義も不苦候事

④一、悪党もの他之御支配又ハ御領知共ニ逃入候節、附入差押候儀者早々御規捉向《ごきじょうむき》も有《これ》之《あり》候義ニ付、其時々手延ニ不相成《あいならざる》様早々申出御差図受可申事

⑤一、悪党者又ハ博奕いたし居候者差押候節、手ニ余リ候ハ、寂寄居り合候もの誰成共加勢為致不取逃様取斗可申《いたさせとりにがさざるようとりはかりもうすべく》候事

⑥一、御吟味もの其外都而《すべて》御法渡（度）ニ拘リ候義ハ格別、其余公事出入差起リ候節ハ組合村限リ取締役之者共実意ニ取扱可成丈《なるべくだけ》円候様出精可取斗事

⑦一、取締として廻村致候節遠方又ハ其村名主共へ申談止宿いたし、木銭米代相払受取書取置、追而請取書ヲ以勘定相立《あいたて》可申候事

職務は七か条をもって具体的に指示されている。①では代官の廻村に従うときは半天・股引を着用して脇差を帯刀するよう命ぜられている。通常の廻村時にも半天、脇差が許可されている。また十手、取縄、御用提灯についても考慮されている。代官の治安警察を代

行する権限が半天着用と脇差帯刀という出で立ちのスタイルで具体的に容認されているのである。しかも③において事件によって番非人を召連れて廻村することも認められた。郡中取締役の警察力の強化を示すものである。これらに加え⑤で現行犯を逮捕する緊急時には最寄の誰かれとなく加勢を要請する権限も与えられた。最も難しい他領地支配の村々への立ち入りに関しても手遅れにならないよう至急代官陣屋から指図を請けるよう命じている。郡中取締役の綱紀粛正を唱《うた》っても警察権の運用によっては濫用となる危険性を胚胎していることを暗示している。反面、郡中取締役に物理的実力なくしては治安警察上何らの役に立たないのである。長百姓甚兵衛に石和代官お墨付きの郡中取締役の権威、権限が賦与されることは、村内はもちろん村外に対してもその影響力が無視できないものになっていく。

②〜⑦は郡中取締の郡中廻村時の村方・代官との連絡手続、出張費用に関する規定である。郡中総代の綱紀粛正を唱い、代官の監督があるとしても一度権限を与え、動き出せば一人歩きを始める。

「ミイラ取りがミイラになる」諺言ではないが無宿や博徒を直接取締る者が彼らを押さえてその上に立つ危険性がないとはいえない。「蛇の道は蛇」である。

郡中取締役甚兵衛の活動

郡中取締甚兵衛の活動の様子は数々の事件にまつわる示談書や嘆願書等からうかがい知れる。就任の翌文政七年（一八二四）正月、郡中高家村若者亀松と勘四郎の二人が博奕、賭の諸勝負の風聞ありと郡中取締役の廻村御用先に呼び出され、吟味を受けた。

差出申一札之事《さしだしもうすいっさつのこと》

一、八代郡高家村百姓清兵衛倅《せがれ》亀松、忠右衛門倅勘四郎右両人義博奕賭之諸勝負等仕、其上身持不行跡之故達御聞《おききにたっし》、今般御取締方御用先江《へ》御呼出之上御厳重御吟味御座候処、重々申訳無御座《ござなく》奉恐入《おそれいりたてまつり》候、然処《しかるところ》御取締役之旁々《かたがた》格別之御勘弁を以《もって》右御吟味《おぎんみ》下《さげ》御願被成下《なしくだされ》、御聞済ニ相成難有仕合《ありがたきしあわせ》奉存候、然上者《しかるうえは》以来急度《きっと》相慎右様之儀ニ似寄候義ニ而《て》も聊《いささか》仕間敷候、依之《これより》組合一同連印書付差出申所仍而《よって》如件《くだんのごとし》

文政七申正月

高家村　亀松

勘四郎

右亀松親　清兵衛

右勘四郎親　忠右衛門

組合総代　甚兵衛

名主　善右衛門

御取締役衆中

前書之通相違無御座候ニ付、致奥印差出申候、以上

日頃から身持が悪く博奕に慣れ親しんだ亀松と勘四郎は、郡中取締役の厳重な吟味を受けて白状に及ぶ。ここから若者の親、五人組組合惣代を巻き込んで初犯でもあり本人も痛く反省していますので立件しないようにと歎願が行われる。代官所に送致され御白洲の裁きとなったら大変である。そこは取締役の胸三寸「御取締役之旁々《かたがた》格別之御勘弁を以《もって》右御吟味下《ぎんみさげ》」(甚兵衛・権左衛門の格別の配慮でもって不問にすること)になるのである。

おそらく通常の取締役の職務のパターンは次のようであったろう。

博奕等犯罪の情報―廻村先呼出し―吟味―罪状認知―本人・関係者の嘆願―吟味下げ

同年二月には同じ高家村の百姓藤重郎が摘発されている。この場合も当人の藤重郎に親類、五人組が連署・連判して郡中取締役の竹居村甚兵衛、永井村権左衛門に一札入れて穏

便なる処置に感謝している。

六月一七日夜五ツ時（午後八時頃）砂原村で長百姓権右衛門下男の定兵衛が四人の若者に打擲されるという事件があった。当日は砂原村の観音様縁日の休日であったため酒に酔った四人が定兵衛に何かと因縁をつけて打擲に及んだものである。河内村名主甚左衛門が扱人に入って四人が定兵衛と主人権右衛門に詫びて内済となった。この事件にも郡中取締役が検使等に乗り出し収拾に当っている。

たとえ綱紀粛正が求められ、公私混同が戒められようが、代官の治安警察権の代行を公許された郡中取締役が犯罪の探査等種々のトラブルにかかわっていくなかで権限が一人歩きして権威となり、乱用につながりかねない危険性をはらんでいた。

郡中取締役職権乱用事件

郡中取締役就任から三年目の文政八年（一八二五）、危惧していた職権の乱用をうかがわせる事件が起こった。

四月、取締役権左衛門が名主を勤める永井村の薬師如来祭日の深夜の事件である。近隣はもちろん遠方からの参詣者が「群集」してごったがえす境内で起こった。

元来祭礼は聖なる神事であるが、人寄せの付け祭りの方が盛大となり物売り酒食の小店が軒を並べ見世物、地芝居や相撲等の興行も行われ、多くの人々が娯楽を求め結集する一大イベントになった。当然賭場が開かれ、これを目当てに博徒が集まって来る。祭礼は犯罪の温床であり、大目に見られることもあったが、治安警備上は要注意であった。

当日郡中取締役の権左衛門・甚兵衛のコンビは竹居村百姓佐五右衛門（甚兵衛の子分か）に挑燈《ちょうちん》を持たせ、番非人を引き連れて境内を見廻り巡視した。おそらく石和代官から公許された半天・股引を着用、脇差を帯刀、これに十手・捕縄までちらつかせていたのかもしれない。祭りに酒はつきものである。佐五右衛門がひどく酔って「酒狂」状態となり、こともあろうに石和代官所御出役と衝突する予期せぬ事態となった。これに番非人や群衆まで加わって大騒動となった。取締役の権威を嵩《かさ》にのし歩くうちに秘かに出役していた石和代官役人の咎めを受けるに至ったのである。驚いた甚兵衛、権左衛門は佐五右衛門と番非人ともども永井村名主宅に引き取り、代官出役より散々油をしぼられた。佐五右衛門は村預ヶ、番非人は頭預ヶの処分を受け、一件は落着したが郡中取締役の危うさをいみじくも露呈することになった。

祭礼という非日常の狂燥状態で起こったとはいえ、取締る側も取締られる側も紙一重の間柄であることを明らかにした。取締役二名とおそらく甚兵衛手下の佐五右衛門、つき従う番非人も酒が入れば群衆と同化してしまったのである。そして群衆の背景には御制禁博奕にかかわる無宿・博徒が潜んでいるのである。

就任三年目にしてこの不祥事、甚兵衛のその後は不明であるが天保三年（一八三二）の御三卿田安家領知に支配替までには郡中取締の職は退いていたであろう。この郡中取締役で活躍した甚兵衛は安五郎の父親に当たる。

中村家文書には家譜、先祖書の類、冠婚葬祭の家の儀礼を記録した私文書が見当たらない。菩提寺の過去帖も火災のため失われ、手がかりは僅かに墓碑のみである。

文政一〇年（一八二七）四月一三日没の「性峰自見居士」がこの父甚兵衛ではなかろうか。

郡内騒動と無宿者

甲州の治安、強いて言えば無宿博徒の動向を見通す上で決して忘れてはならないのは郡内騒動の影響であろう。郡内騒動は天保七年（一八三六）八月二一日、郡内谷村の兵助、下和田村次左衛門を頭取に郡内領二三か村の百姓たちが大挙して、米を買占めた山梨郡熊野堂村奥右衛門を襲い、打ちこわしたことに始まるが、郡内勢はこれを潮に引き揚げこれを機に群集した無頼、無宿の悪党に主導権が移り、甲斐一国を怒濤のごとく蹂躙する大暴動に発展した。

郡内騒動を乗っ取り前代未聞の大騒動に暴発させた無宿の実像を垣間見ておこう。頭取と目された巨摩郡長浜村無宿民五郎のプロフィールを裁許書から迹《たど》ってみる。

一、長浜村無宿民五郎義、違作ニて甲州都留郡村々夫食差支、下和田村次左衛門外壱人頭取、徒党を結ひ候を幸ひニ存、騒之紛《さわぎのまぎれ》金銀可奪取《うばいとるべし》と右人数ニ加り、同国熊野堂村奥右衛門宅打毀《うちこわし》、都留郡之者共引払候後は頭取ニ成、右村近辺乱妨ニおよひ、甲府町方迄乱入致し相働、同所人家打毀、質物之衣類引裂、諸帳面証文等迄焼捨、既ニ火事ニおよひ候次第に至り、其外無宿之身分奪取候長脇差を帯、盗取候女帯を襷《たすき》ニかけ、徒党之者共を指揮いたし、同国富竹新田次左衛門方へ立入、品々申威《もうしおどし》押て衣類金子等請取、剰《あまつさえ》板垣村ニて甲府御勤番《ごきんばん》御支配御組之衆幷《ならびに》御代官様御手附御手代衆相制候をも不承請、真先ニ進ミ徒党之もの共申励し押破通候始末、不恐公儀《こうぎをおそれざる》仕方重々不届至極ニ付、存命ニ候得は於石和宿《いさわしゅくにおいて》磔《はりつけ》、

民五郎は郡内領二二か村の百姓勢に加わり熊野堂村奥右衛門宅を打毀し、郡内領の百姓が引き揚げたあと頭取となって群集して来た無宿盗賊その他悪党を指揮して甲府城下から南下、次々と村々の豪家を襲っては金品を奪取し質物や諸帳面借金証文を焼き捨てるなど破壊の限りを尽した。

民五郎のいでたちがふるっている。奪い取った長脇差を帯び、盗み取った女帯を襷《たすき》にかけている。無宿の典型的スタイルである。しかも悪党を指揮してこれを制止しようとする甲府勤番支配の与力・同心、三分代

官手附手代に堂々と立ち向かい、防禦を破って押し通った。
無宿の無秩序の破壊力は特異ないでたちによってイメージアップされ、以降甲州一国のみならず関八州・東海地方の無宿・博徒に影響を与えた。
頭取の一人、久野村無宿吉五郎のいでたちも異様である（徳川時代百姓一揆叢談）。

　刀脇差衣類等盗取、其上大脇差を帯し、幡印を人足に為持《もたせ》押歩行……
（大刀の長さの大脇差を帯び、大書した幡《のぼり》を人足に持たせ、押し歩いた）

　無宿ではないが竹居村の近村岡村から徒党に加わった藤助は「頭取躰《てい》之者ゟ《より》鉄砲壱挺、狐の皮貰請《もらいうけ》、右皮を冠り異形之姿ニ成、玉薬は無之候得共《これなくそうらえども》威之《おどしの》ため右鉄砲を携《たずさえ》、村々加勢可致《いたすべき》旨申罵《もうしののしり》」（頭取らしき者から鉄砲一挺と狐の皮を貰い、それをかぶって異形の姿に変身して玉薬の入らない鉄砲を威《おどし》のため携帯して村々を廻って加勢するよう大声を張りあげていた）の異様の風体であった。

　戦い済んで捕らえられた無宿の入牢人は石和陣屋だけで一三五人、内六八人は牢死した。その死骸片付人足賃が銀一三六匁、江戸差出の目駕籠四六挺の代銀九二〇匁、この間吟味その他総費用米約五四石、金六三四両余にのぼった。加えて特設の白洲・牢屋の普請入用に金二〇六両三分永二二六文かかった。郡内騒動は単なる百姓一揆、うちこわしの類ではない。甲州の無宿・博徒のふり積もったエネルギーが悪党に結集し、一気に爆発したのである。

竹居村も騒動の圏外にあったわけではない。八月二二日には一千余人の悪党が笛吹川を渡って竹居村近くまでやってきており、百姓庄次郎は酒食を出して饗応したとして銭五貫文の過料の上、厳重注意の急度《きっと》叱りの処罰を受けた。

安五郎はこのとき二五歳。次々と富家を襲っては打毀し、甲府勤番・代官の捕り手に長脇差や鉄砲を携えて歯向かう悪党のアナーキーなエネルギーと爆発力をこの眼で瞠《しか》と目撃したことは間違いない。

5 博徒竹居安五郎の誕生

安五郎の生家中村甚兵衛家

安五郎の新島島抜けから故郷甲州竹居村までの逃亡の旅を追ってついつい竹居村と中村甚兵衛家のかかわりの歴史を繙《ひもと》くことに廻り道をしてしまった。

肝腎なのは中村甚兵衛家と安五郎の関係である。まず中村甚兵衛家の家からみていこう。

中村甚兵衛家は竹居村とともに古い。延宝二年（一六七四）の上芦川村との山論にかかわって甚兵衛の名が認められる。最古の中村家文書は寛文一〇年（一六七〇）の借金証文である。家産相続に関する延宝八年（一六八〇）二月二六日付の「中村源性遺言状之事」も存在する。中村家の規模、経営を知りたいところである。売買証文が多数のこされているが家産そのものを記録したものは寛政九年（一七九七）、文化元年（一八〇四）の名寄帳のみである。

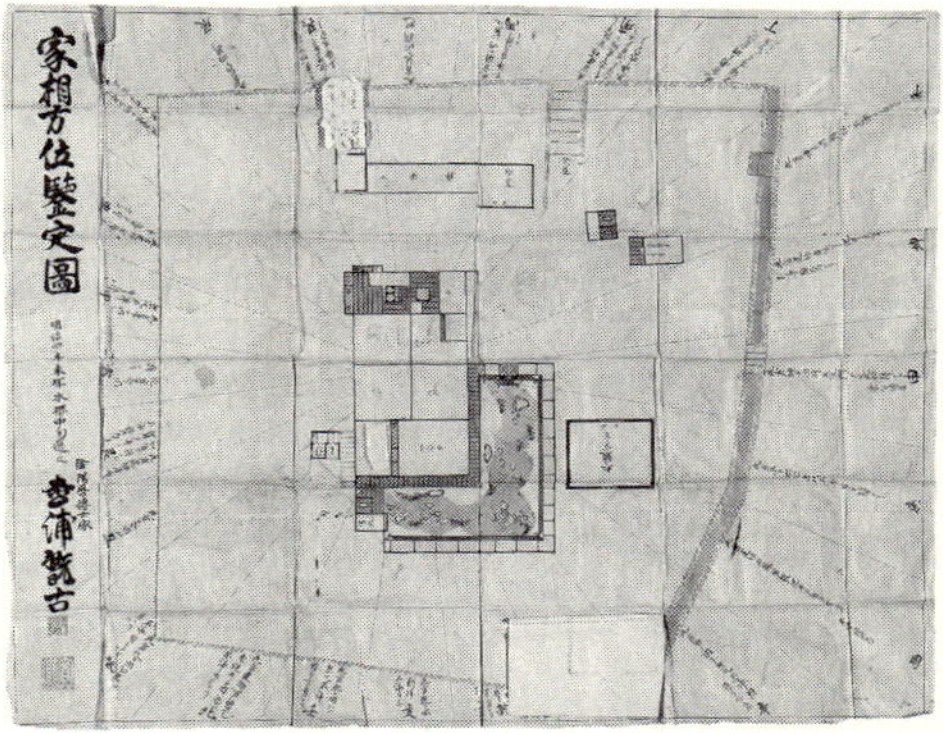

中村甚兵衛家家相方位鑑定図

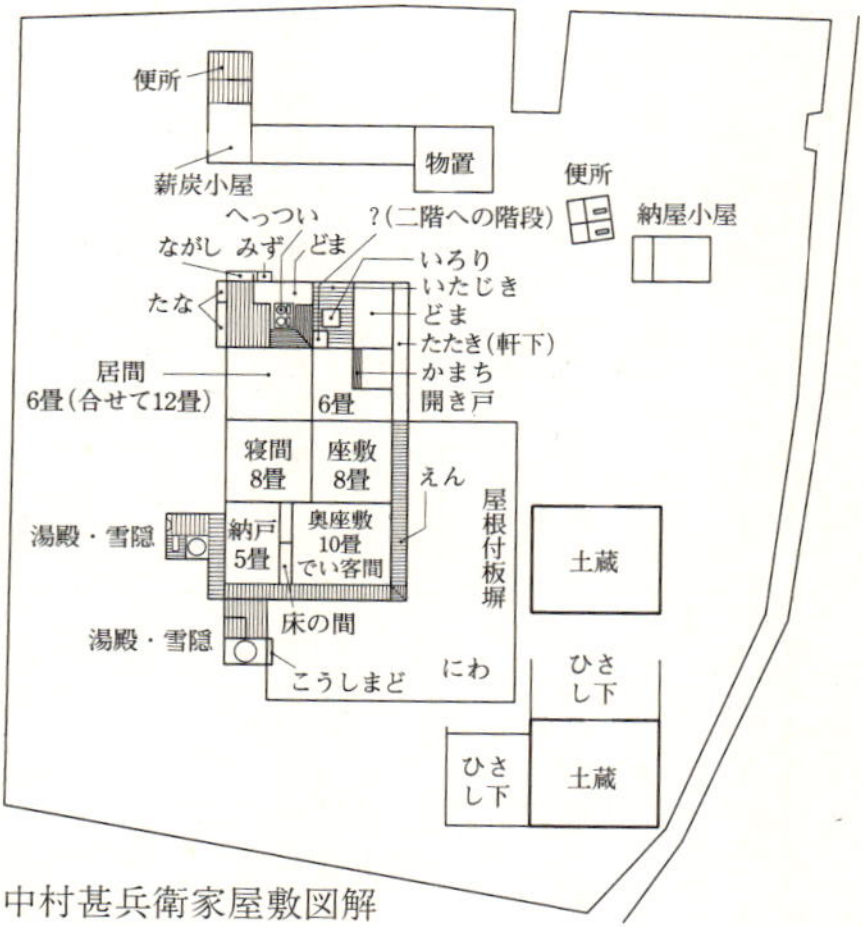

中村甚兵衛家屋敷図解

これを集計したところ持高にして一一石一升六合余と七石四斗七升八合余となった。田畑では九反四歩（田三反七畝一八歩、畑五反二畝一六歩）と五反八畝一四歩（田三反二三歩・畑二反八畝一歩）となった。決して豪農・富農の土地所有ではない。養蚕・生糸業を主とする畑作地帯であるので必ずしも持田畑の多少で家の経営を論ずるわけにはいかないが、それでも中農の自作農といったところにしか考えられない。

ところが中村家にのこる明治四年（一八七一）「家相方位鑑定《かんてい》図」（前頁）はしっかりした家構えを伝えてあまりある。凡そ四〇八坪の敷地、屋敷内外は石垣その他で囲まれ中央に母屋、まわりに土蔵、物置、材木置場、便所等がしつらえられている。

母屋は建坪三二坪六間に四三畳の畳が敷かれ、襖を取り去れば三〇畳余の大広間となる。また奥には八畳の床の間つきの客間が用意されている。大がかりな人寄せ、寄合の場となるつくりである。もちろん酒盛にも適する。台所、湯殿、雪隠が完備し、大造な家屋と考えられる。縁づたいに築庭がなされている。灯籠や石の配置から庭師が作庭した手のかかった佇《たたず》まいである。

安五郎の生家は生活機能を十分充たし、堅牢にして文雅の香りも漂わせる。もちろん、新島を抜けた安五郎が夜陰に紛れて密かに潜伏しうる。

家族構成と安五郎

目下、安五郎の家族が明らかになるのは天保五年（一八三四）の宗門改人別帳のみである。

（浄禅寺）
一、同寺旦那㊞

甚兵衛印
午三十四才

同人妻　てふ印
同三十壱才

同人母　やす印
同五十二才

同人悴　権太郎印
同十才

同人弟　安蔵印
同廿三才

同人妹　まつ印
同十五才

同人妹　とめ印

同十一才

男三人

〆家壱軒人数七人内㊞

女四人

当主の甚兵衛（三四歳）、妻てふ（三一歳）、母やす（五二歳）、長男権太郎（一〇歳）、弟安蔵（二三歳）、妹まつ（一五歳）、妹とめ（一一歳）の七人家族である。甚兵衛弟安蔵が安五郎と見做して間違いあるまい。一九年後の嘉永六年島抜け時の手配書等の公文書の年齢は四二歳、ぴったり一致する。名乗りを変えるのは往時珍しいことではない（以降安五郎で統一）。

安五郎は文化八年（一八一一）父甚兵衛が名主職にあって年貢・諸掛りをめぐって小前百姓と渡り合っていたちょうどその頃、母やす（二九歳）との間に四男として生まれたことになる。村方騒動を収拾した功で郡中取締役に就いて石和代官に代って治安維持に当たり、顔役になった父の亡きあと、長兄が中村家を世襲して甚兵衛を名乗っていた。一一歳違いの兄甚兵衛も父親譲りのやり手であった。すでにみたように、天保九年（一八三八）大口山続崩山の入山権益をめぐって砂原村との執拗な争論を繰り返し、自ら訴訟惣代となって江戸評定所に逆訴まで敢行している。

安五郎は村落社会を引っ張る父と兄の後姿を見、また前代未聞の甲州騒動の光景を脳裡に刻んで成長した。

安五郎の暴行事件

天保八年（一八三七）、安五郎がいよいよ本性を顕らかにする。上黒駒村（黒駒勝蔵の村）瀧蔵と二人して暴行事件を引き起した。

差出申一札之事《さしだしもうすいっさつのこと》

一、貴殿弟安蔵殿 幷《ならびに》 上黒駒村瀧蔵殿与《と》口論之上取合ニ相成、疵請御出訴可致《きずうけごしゅっそいたすべく》と存《ぞんじ》候処《そうろうところ》、利左衛門殿・伊左衛門殿御立入疵請不具ニ付已後《いご》営《いとなみ》之手当として此度金弐拾両請取《うけとり》、医療薬代ハ入用次第御差出之積リを以《もって》内済和融仕候上ハ、万一壱命ニ拘《かかわ》リ候共御《お》恨之遺《うらみのい》恨《こん》等無御座《ござなく》候、然ル上ハ済方已後右両人ハ勿論貴殿共御互ニ実意ニ可致候、為後日《ごじつのため》一同連印一札仍而如件《よってくだんのごとし》

天保八酉二月廿三日

竹居村当人平助代兼
親類　一　刀　次㊞
同　岡　兵　衛㊞

組合代兼　定　之　丞㊞
立入人　利左衛門㊞
同　伊左衛門㊞

同村
甚兵衛殿

村の平助と口論、「取合」になって重傷を負わせたというのである。被害者が出訴となれば安五郎らは入牢間違いない。そこで利左衛門・伊左衛門の二人が間に入って慰謝料金二〇両、以後治療費は全額負担するという条件で示談したというのである。弟安五郎の暴力に兄甚兵衛は二〇両もの出費を余儀なくされたのである。村内の暴行事件の原因については触れられていない。村政をはじめ五つの集落、個々家々の利害が常に突っ張り合っている村内では話し合いでは決着がつかず暴力沙汰になることもあったのかもしれない。

それにしても安五郎だけのハネ上りであったのか。兄甚兵衛は全く関係がないのか。愚弟賢兄の兄弟であったのか。

思い当たる節がある。安五郎の事件の一年後の天保九年、兄甚兵衛は大口山の入山権をめぐって増利・砂原両村と隣村奈良原村の双方を相手に江戸訴訟の前面に立つことになる。

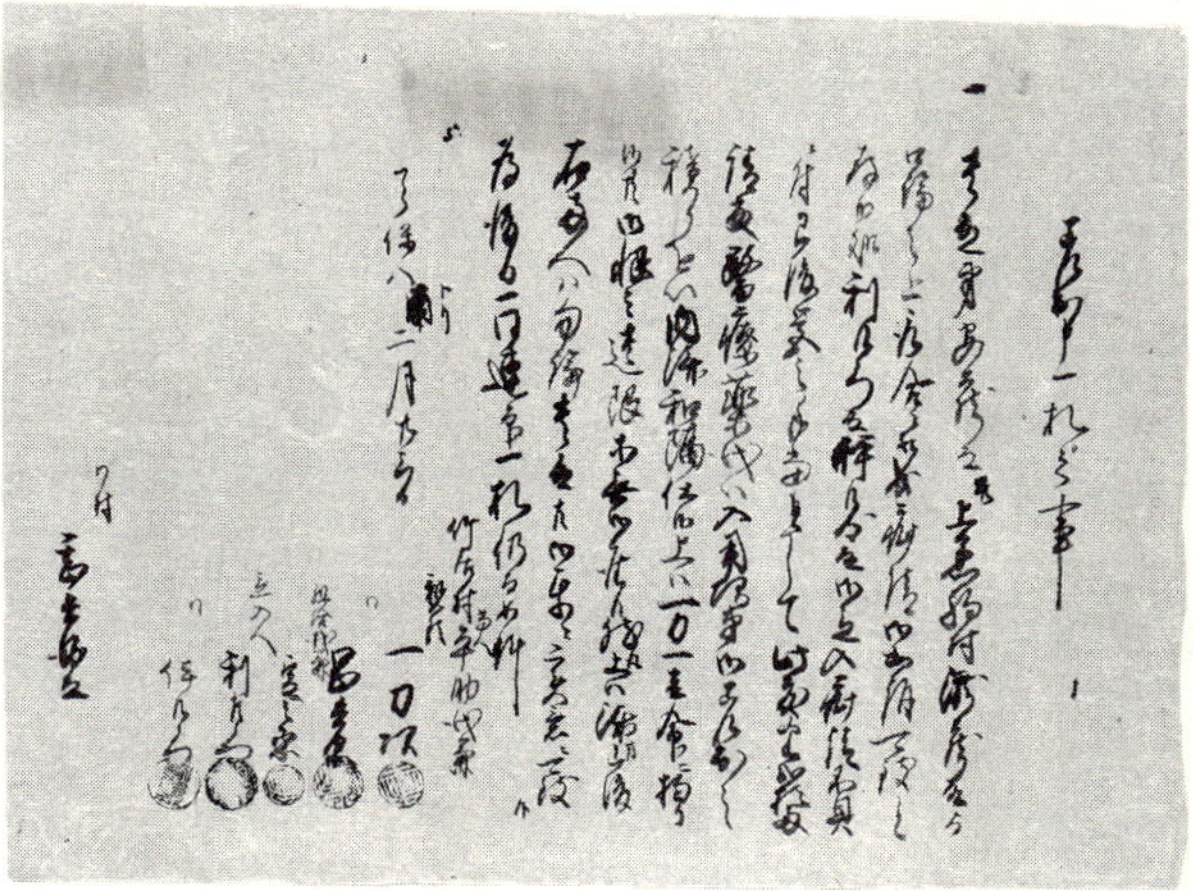

安蔵（安五郎）暴行事件の示談書

増利・砂原両村に対して竹居村内の和融派の内済を力ずくで押さえ込んで単身訴訟人となって逆訴を敢行したのである。

安五郎の暴行相手は下ノ川集落の平助である。さすが甚兵衛とて高い代償を払っても示談せざるを得ない。村内でもめごとは禁物である。もうひとつ、安五郎と一緒に平助を痛めつけたのは上黒駒村の瀧蔵である。上黒駒村こそのち甚兵衛・安五郎兄弟の股肱の子分となる勝蔵の村である。

駕籠訴する兄甚兵衛

中村家文書中に年月日未詳で走り書き風に認《したた》められた一通の願書案文

らしきを見出した。

乍恐以書付奉願上候《おそれながらかきつけをもってねがいあげたてまつりそうろう》

甲州八代郡竹居村長百姓甚兵衛奉申上《もうしあげたてまつり》候、私義当村外九ヶ村ゟ《より》同郡奈良原村江《へ》相掛候一件内藤隼人正様御掛御吟味中御利解之趣難渋いたし、当月十八日御屋形様御家老中様江御駕籠《おかご》訴仕候処、当御勘定所江御引渡ニ相成、御調中郷宿《ごうしゆく》嘉右衛門方江御預ヶ被仰付置《おおせつけおかれ》、相慎罷在候、然ル処御沙汰御伺奉申上候も恐多奉存候得共、此節村方長百姓利兵衛義拾ヶ村為惣代《そうだいとして》出府、御掛り御奉行所様江着御届申上、追々御吟味も可有之哉《これあるべくや》ニ奉存候間、可相成《あいなるべく》御儀ニ御座候ハ、右御駕訴之次第其御筋江御進達《ごしんたつ》之上、私身分内藤隼人正様江御引渡被成下置《なしくだしおかれ》、右一件江か丶り御吟味受相成候様被仰付被下置度《おおせつけられくだしおかれたく》御慈悲奉願上候、以上

訴訟の埒明かずと見て甚兵衛は江戸に出て領主田安家の家老の駕籠《かご》先に躍り出て駕籠訴したのである。思い切った行動である。困惑した田安家は掛り勘定奉行に身柄引き渡し、郷宿（公事宿）嘉右衛門預けとなった。

内藤隼人正は文政一二年（一八二九）から天保一二年（一八四一）六月七日まで勘定奉行の職にあった。甚兵衛に代る訴訟人に長百姓利兵衛が出府、着届の手続きをしたので駕籠

訴の罪を犯した自分を奉行の内藤隼人正に引き渡し、吟味して欲しい。そうすれば入会争論の当方の言い分は通る、というのが甚兵衛の目論見のようである。結果はひとつ明らかではないが、いずれにせよ、江戸訴訟を一貫してリードし、火の中水の中、己をその渦中に置く甚兵衛の勇気は俠気に連なる。しかも江戸訴訟に明るく、筆も弁も立つ。お上にとっては嫌な存在であるがそれだけ竹居村の百姓にとっては頼りがいがある。

江戸訴訟の借金

甚兵衛の駕籠訴を裏付け、その時期の推測を可能にする一種奇妙な借金証文がある。

拝借証文
一、金拾五両也 ㊞㊞㊞
右者《は》私共儀旧冬出府中諸入用差支、其時々御当地ニ而《て》金子時借《ときがり》之上融通罷在《まかりあり》、今般出
府ニ付而ハ是非右時借金持参可仕《つかまつるべき》之処、差掛リ村方取集行届兼無拠《よんどころなく》私共出府之
跡ゟ《より》金子取揃可差送《さしおくるべく》約定ニ而罷出候処、只今以《もって》着不在《あらず》、右ニ付国許江《へ》飛脚差立置候
得共、此節金主方ゟ頻《しきり》ニ催促有之《これあり》、殊ニ一旦返済不仕《つかまつらず》候而ハ此上之融通差支ニも相
成、旁《かたがた》必至と当惑難渋仕候間御勘弁を以拝借被仰付度旨奉願上《おおせつけられたきむねねがいあげたてまつり》候処、願之通書
面之御金御貸渡被成下置難有仕合奉存《なしくだしおかれありがたきしあわせぞんじたてまつり》候、然ル上ハ国許ゟ金子着次第来ル四月

晦日迄ニ無遅滞《ちたいなく》御返納可仕《つかまつるべく》候、依之《これにより》拝借証文差上申処如件《くだんのごとし》

天保十一子年三月廿日

甲州八代郡竹居村
村役人惣代
長百姓　甚兵衛㊞
組頭　弥兵衛㊞

郷宿
蓮屋
嘉右衛門

江戸訴訟は金がかかる。郷宿（公事宿）蓮屋への支払いだけでも大変である（一泊二食付銀二・八匁か銭二四八文、安く見積っても一か月約一両二分）。駕籠訴までして長期御預けを覚悟した甚兵衛はなおさらである。溜まった宿賃、公事かかりの雑費が金一五両。馴染みの蓮屋に頼み込んで国許から送金が来るはずだから待って欲しいと入れた証文がこれである。江戸訴訟でふくれあがる費用が借金となって、負担をめぐって村内が紛擾するケースはよくみられる。特に小前の不平不満は一筋縄ではない。思い起こせば文化年間の小前の年貢その他の軽減と割り当ての公開要求は執拗を極め、村会計の分離の事態にまで発展した。増利・砂原両村、奈良原村に対して入会権の侵犯を許してはならないことは理解し

ても、足かけ三年にも及ぶ長期の江戸訴訟、勝訴しても直接の見返りのない、費用は嵩む一方、負担は公平な分割となれば、反対する気運が生まれ、出金に応じない小前が集団となって公然と反対を表明することは十二分に予測出来る。

中村家の当主兄の甚兵衛は家を留守に村を代表して「公」のために江戸訴訟にのめり込んでいる。留守を守るのは弟の安五郎である。安五郎の思いは複雑である。三年前暴行事件を引き起こして迷惑をかけたが、反対勢力ににらみが効く存在であったろう。

6　甲州嘉永水滸伝の前兆

博徒ノ巨魁百姓甚兵衛

嘉永二年（一八四九）甚兵衛は突如、田安家領田中御役所によって逮捕された。名主も勤め長百姓である甚兵衛が召し捕らえられるとは異例である。七月付の釈放を求める歎願書を区有文書から見出した。

乍恐以書付《おそれながらかきつけをもって》御《ご》歎訴《たんそ》奉申上候《もうしあげたてまつりそうろう》

八代郡竹居村甚兵衛義無宿者数人差置、寺社縁日祭礼其外人集場所江《へ》差遣博奕《ばくち》為致《いたさせ》、其上長脇差を帯横行ニ所々押歩行、其節々甚兵衛義附添罷越風聞有之《これあり》候趣達御聴《おききにたっし》、御召捕之上兼而《て》無宿者等之儀ニ付而は、御厳重御触も有之候儀を乍弁居《わきまえおりながら》差置候段重々不埒之旨蒙御察当《おさつとうこうむり》、近々御厳重御吟味可遊進（マヽ）旨被仰聞《おおせきかされ》、御吟味中手鎖《てぐさり》宿御預ケ《しゅくおあずけ》被仰付《おおせつけられ》奉恐入《おそれいりたてまつり》相慎罷在候、然ル処《ところ》全無宿もの等差置横行ニ為押歩行《おしあるかせ》候儀は曾以無御座《ござなく》候得共、此上風聞之通巨細御吟味奉請《うけたてまつり》候而は何様可被仰付《いかようおおせつけらるべく》も難斗《はからいがたく》、一言之申披《もうしひらき》無御座奉恐入今更先非《せんぴ》後悔《こうかい》発明仕《つかまつり》、且村役人ともニおゐて兼而御触之通厳《きび》敷《しく》取締方可仕《つかまつるべき》儀を等閑置候次第ニ至り候段、是以御吟味奉請候而は奉恐入候、依《これ》之《より》已《い》後《ご》一村取締方厳敷取極、惣百姓連印議定書取之《これをとり》候儀ニ而甚兵衛義已後改心仕、農業出情可仕旨申之、今般之儀御慈悲之御沙汰奉請度《うけたてまつりたく》、取締役並郡中惣代郷宿共江只管《ひたすら》取縋《とりすが》り罷在、実以心得違之旨申之候ニ付、不奉顧《おそれをかえりたてまつらず》恐御歎訴奉申上候、何卒《なにとぞ》格別之以御慈悲此度之儀御吟味御免御過怠御赦免被成下度《なしくだされたく》奉願上候、勿論此末万一心得違を以無宿者等差置候儀風聞たり共有之《これあり》候ハヽ、今般之御手続を以何様被仰付候共当人甚兵衛は勿論村役人共迄其節一言之御訴訟申上間敷《まじく》候間、右願之通御聞済被下置《くだしおかれ》候ハヽ、難有仕合《ありがたきしあわせ》奉存候、依之連印以書付御歎訴奉申上候、以上

嘉永二酉年七月

八代郡竹居村

当人　甚兵衛　印

親類代兼

組合　権兵衛　印

名主　五郎右衛門　印

（以下長百姓百姓代十人署名）

郡中惣代
井之上村
名主 善右衛門 印
郷宿 仙之丞 印

田中御役所
前書之通御歎願奉申上候ニ付奥印仕倶々《ともども》奉願上候、以上
郡中取締役
八代郡南八代村
加々美嘉兵衛 印

前書之通御役所江御歎願被成下候儀ニ付写差上申候処相違無御座候、以上
酉七月
右 甚兵衛㊞
権兵衛㊞
御年番所

（八代郡竹居村甚兵衛〔長百姓の肩書きなし〕は無宿者数人を家に置いて寺社の縁日、祭礼など人が集まる場所へ派遣して博奕をやらせ、その上長脇差を帯刀して所々を押

し歩かせ、このとき甚兵衛が付き添っているという風聞が支配田安の田中役所に聴こえ召捕となった。かねてより無宿取締りの厳重な御触れがあり、不埒至極にして厳重吟味中は手鎖・宿預ヶとなった）

あとはお決まりの竹居村親類、組合、役人挙げて郡中惣代、郡中取締役を動員しての放免の歎願となる。甚兵衛が無宿者を家に置き、寺社の縁日、祭礼に賭場を開かせ、更に長脇差の無宿を率いて街道・村々を押し歩いたというのである。これは明らかに博徒・俠客の親分の風体、風聞である。そういえば、後述する安五郎──の子分で次郎長と覇を競った黒駒勝蔵が明治四年（一八七一）斬罪に処せられるに際し司法省に申告された「罪案及び口供」に「安政三辰年七月中逃亡致シ、博徒巨魁同郡（八代）竹居村百姓甚兵衛ノ子分ニ相成、同人弟安五郎ハ其前博徒ヲ専ら卜致し」とある。

甚兵衛はその世界では博徒の巨魁、大親分として君臨していたのである。江戸訴訟から一〇年、甚兵衛は博徒に変身を遂げたのだろうか。

郡中取締役に抜擢されて無宿・博徒の取締りの最前線に居た父、そして本人も長百姓として村政をリード、入会争論に粉骨砕身献身している。

養蚕生糸の絹繁昌の国甲斐、高まる社会変動、村内外入り乱れた紛争、トラブル。地域切っての仲介の名手の家の筈であった。それが一転博徒まがいと摘発されたのである。甚兵衛は以降、長百姓の家格を失う。これを裏付けるかのように中村家文書からも公文書が消えていく。

安五郎の危機一髪

中村家文書中唯一安五郎の直筆の文書を発見した。波乱の生涯を閉じた博徒の直筆文書がのこることは稀有である。

兄甚兵衛に宛てた切羽詰った書簡である。

（嘉永二年）十月廿三日

竹居村

中村甚兵衛様　大急用　安 蔵

以手紙奉啓上候《てがみをもつてけいじようたてまつりそうろう》、近々寒気甚鋪《はなはだしく》御座候得共弥《いよいよ》御家内中様御揃被御座《ござなられ》珍重ニ奉存《ぞんじたてまつり》候、然ハ下《か》拙儀《せつぎ》無別異《べついなく》相慎罷在候、乍憚《はばかりながら》御安堵可被下《くださるべく》候、然者《しからば》今般愈《いよいよ》以奉申上《もつてもうしあげたてまつり》候儀小林御代官様御引替相成付而《つきて》者《は》、石和御代官様甲府長善寺前御勤被成《なられ》候と相定、早速小林御代官様御出府由承知仕候、私儀も石和御代官様御引譲リ相成候而ハ誠ニ申訳無之訳合《これなきわけあい》候、尤《もつとも》済方《すましかた》ニて相成候、承知仕候得共万一御引譲ニ相成候ハ、右之訳御座候ハ、殊ニ此節御苦労被成下《なしくだされ》候ハ、急度《きっと》済方相成候、承知仕候、何卒右掛合衆直々御頼被下《くだされ》御願下ニ可被成下候様奉願上候、此書面届次第直様《すぐさま》御出府被《くだ》下《され》宜敷様《よろしきよう》御取斗《おとりはからい》奉願上候、以上
尚先達而申上候、誠当節万端差支《さしつかえ》此者ニ是非金弐分も直々御遣《おつかわし》被下《くだされ》候、尚亦《なおまた》本書趣直様宜敷御取斗奉願上候

（手紙をもって啓上奉ります、近頃は寒さが厳しいですが御家中の皆様はお揃いでお変りないと存じます。自分は別に変ったこともなく慎んでいますのでご安心下さい。さて今般いよいよ申し上げますのは、甲府代官小林藤之助様が御転任になるについては石和代官様が甲府へ転任と決まり、早速代官小林様が出府となると承りました。私も石和代官が甲府代官に異動するとなると誠に申し訳のない訳合になります。済し方に相成ります。承知はしていますが、万一転任となれば右の訳合がありますので殊にこの節御苦労下さればきっとなんとかなります。御承知下さい。何卒、掛合の皆さんに直々願い下げにしてくれるよう御願いしてください。この書面が届き次第直様《すぐさま》御出府の上よろしく取り計らい下さいますようお願いします。なお、先達て申し上げましたが、当節万端お足がなく困っています。この使いの者に是非金二分も直接渡して下さい。なおまたくどいようですがすぐによろしく取り計らうようお願いします。）

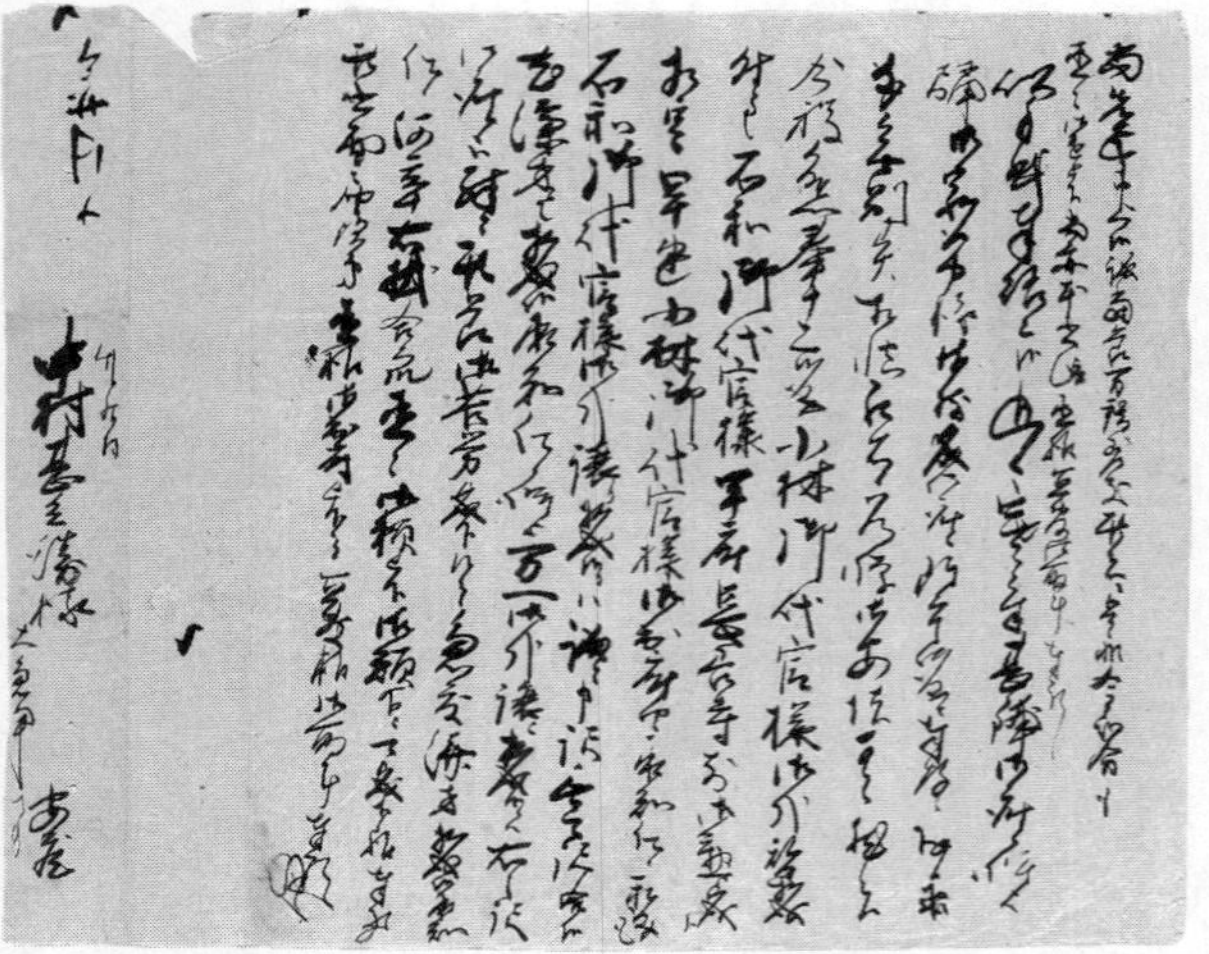

救援を求める安五郎の兄甚兵衛宛書簡。識字力の高さがうかがわれる

文意不明の個所が多く、またまわりくどい表現のため内容はいまひとつつかめない。しかし甲府・石和・市川の三分代官の異動が安五郎の身に重大にかかわっているかに見える。甲府長禅寺前代官小林藤之助の関東代官への転任は嘉永二年（一八四九）である。小林の後任は市川代官の福田八郎右衛門であり、石和代官佐々木道太郎ではない。安五郎の情報は誤りである。

嘉永二年安五郎は江戸にいる。入牢中なのか公事宿預けなのか。身の処し方が石和代官の掌中にあり、なんとか釈放を裏から交渉してもらっている掛合衆に働きかけるよう要請し、更に出府の上救援活動を訴えている。軍資金に事欠き、使いの者にせめて金二分持たして欲しい。安五郎は追い詰められている。窮状を訴えられた兄甚兵衛とて捕らえられ宿預ヶ、謹慎中の身の上である。

事実関係上明白なのは、二年後の嘉永四年（一八五一）四月、新島へ島送りとなったことである。おそらく甚兵衛の尽力効奏せず、伝馬町入牢、遠島となったのであろう。

当主の兄甚兵衛は召し捕らえられ、弟安五郎が遠島となった中村家は窮地に立ったかに見える。しかし甚兵衛は百姓身分はもちろん家産を失って潰れになることはなかった。むしろ無宿となって縁を切った安五郎を陰で支えつつ、躍動して来る無宿、博徒につながる顔役として重きをなしていったのではなかろうか。

中村家にいまひとつ不可思議な文書がある。それは、甚兵衛・安五郎兄弟の節目になった嘉永二年、武州から東海道筋、甲州、遠く伊勢までを騒がせた武闘派の武州石原村（現熊谷市）無宿幸次郎一味を追捕する関東取締出役と川越、忍《おし》藩の寄手《よせて》の固めを詳細に記した覚である。秩父田中村岩五郎を首魁とする悪党の情報である。

「覚」は厳重を極めた何百人という「手先」、何千人の「人足」、四二〇挺の「鉄砲」の「御堅メ」につづいて「悪党者」を列挙している。

悪党者

田中岩五郎
熊谷上石原
幸二（次）郎
同人妻
勤番支配召捕《めしとり》
名前不知《しらず》子分五、六人
（以下略）

確認できる者だけでも二八名（内妻三）にも及ぶ悪党の集団である。幸次郎一味の動きと甚兵衛、安五郎は関係なかったのか。全く関係ないとは考えられない。幸次郎一味の動静を書き留めた「覚」が何よりの証拠である。

嘉永二年の博徒の大騒動の近くに兄弟がいたことは確かである。因みにこの年の関東は中国の水滸伝の梁山泊よろしく博徒、侠客が日本の水滸伝を演じてみせた。北関東に国定忠治あり、利根川流域の下総に勢力富五郎あり、ど真ん中武州に田中村岩五郎、石原村幸次郎、東海道筋に間宮久八の、血で血を洗う争闘があったのである。本邦の嘉永水滸伝は次章に述べることになる。

第三章

嘉永水滸伝

豊国が近世水滸伝第一と推す勢力富五郎

1　水滸伝の近世

歌川豊国侠客勢力の梁山泊に水滸伝を揮毫す

文久二年（一八六二）役者絵で一世を風靡した江戸浮世絵師歌川豊国（三代）は七六歳の老体に鞭打って三六番続の錦絵「近世水滸伝」を「いせ兼」から上梓した。水滸伝といえば「通俗水滸伝豪傑百八人之一個」のシリーズの大当り以来、武者絵の歌川国芳とその一門の独壇場の観があった。敢えて豊国がライバル国芳に対抗して水滸伝ものに挑戦したのは何故か。

豊国は大錦絵「近世水滸伝」三六番続の冒頭のトップに「歌川豊国が一世の揮毫《うでまへ》笠《(笹)》川侠客が一代の名誉《ほまれ》」と銘打って「第一　遺恨ハ深き笠《(笹)》河ハに、競《(勢)》力勢の梁山泊」と大書して競《(勢)》力富五郎を押し出している。

嘉永二年（一八四九）四月二八日勢力富五郎が関東取締出役《かんとうとりしまりしゅつやく》ら五、六〇〇人の捕り手を向こうに廻して立て籠り、万歳山で愛用の鉄砲で凄惨にして見事な最期を遂げてちょうど一三年忌の文久二年、侠客勢力富五郎が三五人の日本侠客博徒を引き連れて甦って来たのである。豊国は中国の原典水滸伝に忠実な国芳の向こうを張って一転、日本のアウトローを取り上げ、しかも彼らに豊国自家薬籠中の当世人気の役者を見立て、役者絵の趣をも演出した。

また、国芳門下の逸材月岡芳年も豊国に刺激されたのか、「盛《(勢)》力憤死してより近世水滸の一篇著る」と勢力富五郎の壮絶な自決から日本版水滸伝をはじめて編むことが可能になったのだと、下総に展開した博徒の争闘を中心に勢力他三六人の侠客からなる「近世侠義伝」を出板した。

因みに文久二年と言えば嘉永六年（一八五三）の島抜けから甲州に蟠居した竹居安五郎が関東取締役らの奸計にはめられて捕らえられ牢死、子分黒駒勝蔵に引き継がれたひとつの画期の年であった。

水滸伝は陰に陽に近世の博徒・侠客の歴史を繙く上で欠くべからざるキイワードである。中国の古典文学「水滸伝」の受容の歴史が日本のアウトローの実在、そして活動を映し出してくれる。

禁書水滸伝の受容と大流行

水滸伝は中国は元代、官途の栄進を閉ざされた漢人の知識人が介在してつくられた元曲等を基盤にして施耐庵、羅貫中によって編まれたという。大衆芸能や演劇といった口承文芸と一体となって形成された水滸伝はこれまで日本が受け入れて来た四書五経等の古典とは大違いの叛乱と猥雑さに満ちた稗史の書である。当然反乱を教唆扇動する賊書として禁書とされた。しかし天に替りて道を行う無頼の任俠の英雄豪傑譚は人気は高く、識字層は読書で、大衆は京劇でこれを知悉した。

禁書水滸伝は原書→和刻・翻訳→翻案の過程を経て受容・摂取された。不思議なことに水滸伝がさまざまなヴァリエイションを展開させながらいかに受け入れられていったかがアウトローの江戸時代史の影絵となっているのである。

既に幕初の寛永一六年（一六三九）に幕府の「御文庫」の目録に見えるといわれ、原書の輸入は早い。原書に訓点を施し、和刻に至ったのは享保一三年（一七二八）岡島冠山の「忠義水滸伝」（初集一〇回まで）である。

宝暦七年（一七五七）同じく岡島冠山が漢文を訓読した翻訳本「通俗忠義水滸伝」（上編二〇冊）が世に出て水滸伝はようやく知識人の読書の対象となった。以降、安永元年（一七七二）に中編二〇冊、天明四年（一七八四）下編二〇冊、そして寛政二年（一七九〇）拾遺二〇冊で出版は完了した。この間三四年、水滸伝はまがりなりにも和訳で親しめるものになった。時はまさに一八世紀末、安永七年（一七七八）には「近来御当地 并《ならびに》 近国共、無宿者数多《あまた》致徘徊《はいかいいたし》候故、火附盗賊も多、騒鋪儀《さわがしきぎ》共有之《これあり》、世上一統之《せじょういっとうの》難儀《なんぎ》ニ相成候」（近年江戸と近国に無宿者が大勢徘徊して火付・盗賊も多く騒がしくなって世上一統が難儀になった）と無頼の無宿者に手を焼く事態になっている。

以後一九世紀の世情、特に関東の世相は無宿者なくして語れなくなった。この事態の推移に並行して、これらを映すが如く、翻訳「通俗忠義水滸伝」は次々と水滸伝の翻案物を生み出していく。

水滸伝の時代相――無宿の武術・彫物

当たり前であるが日中水滸伝は類似する。これが水滸伝が親しまれ受け入れられた要因であろう。あばれ者の与太もんは共通する人物像である。白日鼠《はくじつそ》白勝《はくしょう》はこそ鼠の遊び人、妖術を使う入雲龍《にゅううんりゅう》公孫勝《こうそんしょう》は股旅の侠客、赤髪鬼《せきはつき》劉唐《りゅうとう》は男伊達の股旅。無宿が帳外れ除帳の取り扱いであることも共通している。梁山泊一〇八人の豪傑の首領第一位及時雨《きゅうじう》宋江《そうこう》は地方役人であったが謀反の疑いで官から追われた。宋江の父は息子を追及する役人に対し、三年前に宋江の籍を抜き除籍したと弁明している。無宿としたから当家とは無縁であるというのである。

一〇八人のなかには智多星《ちたせい》呉用《ごよう》、聖手書生《せいしゅしょせい》蕭譲《しょうじょう》のような文の人もいた。

また武術に長じた者が多い。王進と林冲《りんちゅう》は八十万旗本の槍術・棒術の指南番、花和尚魯《かおしょうろ》智進《ちしん》は出家の身でありながら長さ五尺（一・五メートル）、重さ六二斤（三七キロ）の一枚鉄の錫杖を自在に操る豪傑である。勢力富五郎の鉄砲、国定忠治の馬庭念流《まにわねんりゅう》武術は共通の文化現象である。水滸伝の習俗のひとつに入れ墨、彫物がある。史進には総身に黒い龍の彫物があったといわれ、国芳描く水滸伝の豪傑浪裏白跳張順《ろうりはくちょうちょうじゅん》の水門破りは見事な彫物で喝采を博した。

水滸伝時代来たる

安永二年（一七七三）建部綾足《たけべあやたり》の「本朝水滸伝」に始まった翻案水滸伝は日本に題材を求めて自在に妄想を逞しくして奇想天外な日本版水滸伝をつくり出していった。山東京伝の「通気粋語伝」（洒落本）、「忠臣水滸伝」（読本、仮名手本忠臣蔵と撮合《さつごう》）、滝沢馬琴の「新編水滸画伝」（読本、葛飾北斎画、一〇編まで）、「傾城《けいせい》水滸伝」（合巻、人物の男女を逆転、豊国画）等、枚挙に遑《いとま》がない。そして馬琴の傑作「南総里見八犬伝」の大作を生むことになる。

一方、読本等の挿絵から水滸伝の錦絵の大ブームに発展する。主役となったのは武者絵を得意とした歌川国芳であった。文政一〇年（一八二七）から始まった「通俗水滸伝豪傑百八人之一個」のシリーズは大当りを呼び、天保八年（一八三七）「水滸伝世に流行れ剃篦《おこなわかみゆい》店《どこ》の簾《のれん》布にさへ歌川が筆を揮ひしより」(『水滸俳諧宇加礼奇人集』)と大江戸の庶民の溜り場の髪結床ののれんまで国芳のあの豪傑の独特な画像一色となったというのである。

もとより水滸伝は叛乱の書、禁書である。水滸伝の流行、ブームの背景には、無宿者、博徒、俠客の躍動とこれに苦慮する幕府政治の現実があった。厳しい言論出版統制のさなかで戯作者たちは取締りの間隙を縫って半ば公然と半ば密かに日本のアウトローの実在を水滸伝になぞらえて描き出した。時代は鎌倉、人物は架空であったが、人々は当然の如く現世の博徒・俠客として理解したのである。

豊国の「近世水滸伝」のシリーズには、勢力富五郎の憤死から一年後の嘉永三年(一八五〇)上州大戸で華麗な演出で見事に磔刑を演じて見せた国定忠治が「組定重次」で、ライバルの島村伊三郎が「縞仁三郎」の変名で登場している。

嘉永二年の勢力富五郎の関東取締出役の捕り手数百人を向こうに廻しての大立廻りは人々の喝采と深い同情を誘った。勢力の残党とともに押収され江戸に送られた武器の多彩さと性能の良さに江戸っ子は度肝を抜かれた。騒動の翌年、早くも勢力の遊俠伝は「天保水滸伝」と銘打って宝井琴凌によって高座にかけられた。

博徒・俠客の日本の水滸伝はいよいよ嘉永二年の年明けとともに下総国、利根川下流域を舞台に始まる。嘉永水滸伝である。

2　勢力富五郎関東取締出役を翻弄す

小金原御鹿狩りと勢力富五郎

嘉永二年（一八四九）三月八日、下総国香取郡須賀山村の諏訪明神社境内はものものしい雰囲気に包まれていた。関東取締出役斎藤畝四郎、大熊佐助、吉岡静助、渡辺園十郎、中山誠一郎の五名以下、関八州東海道筋から掻き集められた、彼らの御用を勤める多くが二足草鞋の手先、道案内、岡っ引き五、六〇〇人が、七日の未明から三々五々笹川河岸に上陸、諏訪明神に向かい、捕り手の組々に別れ、赤・白、浅黄、鬱金《うこん》等の鉢巻、襷《たすき》で色分けして勢揃いを始めた。張り詰めた緊張のなか、今か今かと下知を待っている。

笹川河岸に近いとはいえ平穏な下総の村の諏訪社のこの異様な光景は何故に起こったのか。

五名もの関東取締出役が東総の地に結集し、五、六〇〇人もの配下の手先を動員してまで捕まえようとした悪党こそ、この辺を縄張りとしてお上に盾突く博徒勢力富五郎であった。武闘派の博徒に対して弱腰の八州廻り（関東取締出役）がここまで踏み込まざるを得なかったのには理由《わけ》がある。この年、幕府の権威を誇示すべく一二代将軍徳川家慶の小金原の御鹿《しし》狩りが行われることになっていた。鹿狩りは将軍の単なる遊びや趣味ではない。鎌倉の将軍源頼朝の富士の巻狩りの故事にあるように将軍の絶大なる権力の拠り所である軍事力の調練を兼ね権威を内外に誇示する意味があった。三年前から準備を重ね、この大軍事演習に加わる旗本、御家人の常備軍はもとより諸大名まで粗相なきよう痛く神経を使っていた。幕臣だけで数千、獲物を狩り場に追い込む勢子等に動員された村々の農民を加えれば万を上回る規模であった。天保改革が失敗に終わり黒船の脅威が高まるなか、幕府の威厳を再確認させようと演出された御鹿狩りであったが、内実のところでは足元から権威の一角が崩れ始めていることを露呈した。

下総の東部、須賀山村と北部の一大演習場小金原とはさほど離れてはいない。将軍家慶直々の御鹿狩りの御成りが刻一刻と近づくというのに、同じ下総東部の一角で無宿の博徒勢力富五郎が子分を糾合し、関東取締出役の追及を尻目に無法の限りを尽くしていたのである。

富五郎の暗躍の地は、利根川の下流域、九十九里浜の干鰯《ほしか》や銚子の醤油の一大地場産業に支えられ、一大消費流通都市江戸の後背地として繁栄していた。江戸荷を積み卸す河岸は近在からの物や人を集め賑わったが、そのうち遊女や博徒が入り込んで関八州の悪弊に染まるのにさして時間はかからなかった。

富五郎に先行して既に天保年間から九十九里近くの飯岡を根城とする助五郎と利根川流域の笹川河岸を押える繁蔵との間に出入りが繰り返された。関東取締出役の道案内となって二足草鞋を履いた助五郎が弘化四年(一八四七)繁蔵を謀殺したことから勢力富五郎の悪逆非道(お上にとって)振りが一気に高まる。富五郎は繁蔵の一の子分であり、助五郎は仇となり、関東取締出役は助五郎を操る悪玉に映った。富五郎は子分を集め鉄砲、大刀、槍等武器を調達して真っ向から関東取締出役に歯向かうことになった。後世「天保水滸伝」として浪曲、講談で語られた笹川繁蔵・飯岡助五郎の博徒の出入りは嘉永水滸伝の主役勢力の騒動の前史をなすにすぎない。博徒の幕末維新史を考えるならば、勢力騒動が与えた影響は天保水滸伝の比ではない。

勢力の一件は将軍様小金原御鹿狩に御成りを前に天下泰平の実を天下に示さねばならないお上にとっては目の上のたんこぶであった。世は静謐でなければならない。たかが博徒の騒動とはいえ、お上をないがしろにする勢力は徹底して鎮圧、排除せねばならぬのである。

まさに関東の治安を預かる勘定奉行配下関東取締出役の面子がかかっているのである。

勢力抵抗の五二日

勢揃いの前日の三月七日関東取締出役は五名連名で周辺七六か村の役人に対し、勢力捕縛のため多人数を差し向けさせて今後の人足の動員、および不審者の差し押さえ等、捕り物への協力を命じた。

関東取締出役にしてみれば、悪党勢力とはいえ、五、六〇〇人もの手先をもってすれば袋の鼠同然だ。ましてこれに幕府が個別領主支配の枠を越えて治安警察のため組織した周辺改革組合七六か村を押えれば鬼に金棒と勢力一味を甘く見た。

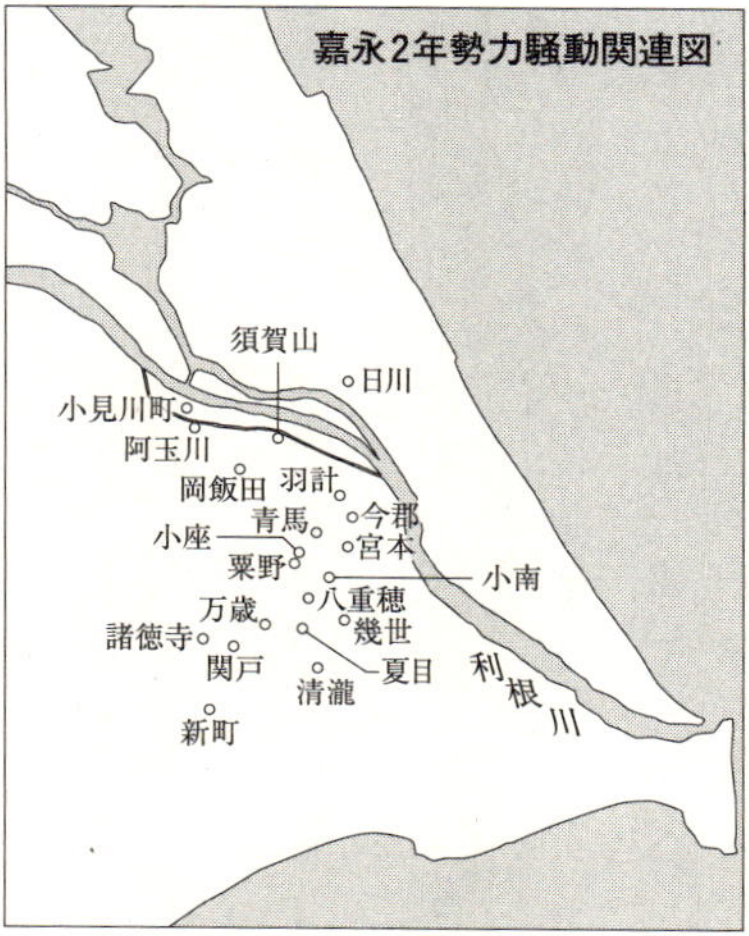

嘉永2年勢力騒動関連図

確かに四日後の三月一一日、羽計村無宿勇吉とその子分の宇兵衛を常州土浦から駆けつけた道案内の内田佐左衛門組が捕らえ、幸先の良いスタートを切った。しかしながらその後はさっぱり一味の行方は杳として知れず、首領の勢力富五郎は視界から消えてしまった。村々の人々が八州廻りの一片の命令で唯々諾々と従いはしない。日頃から賄賂は取る、酒食はもちろん女性まで要求する八州様とその子分の道案内、手先の悪業を前にして地域住民は面従腹背で対抗する。大した逃げ場のない狭いエリアで勢力一党が消えてしまったのは、当然、彼らを匿うシンパがいたのである。勢力富五郎は万歳村無宿である。関東取締出役直属の改革組合村三四か村の寄場が万歳村である。組合惣代を勤め、三四か村をとりまとめ、八州様に協力するのが名主の役目である。しかし無宿になったとしても富五郎は村の者には変りない。子分たちも周辺村々に地縁血縁を持つかつての百姓の子弟であり、「はいそうですか」と関東取締出役の陣屋に身柄を差し出すほど従順ではない。おそらくは大がかりな捕物陣の動向は逃げる勢力一党に筒抜けであったろう。地縁血縁を頼んで地理に明るい利点を生かし、大捜査網をくぐって逃げ、そして隠れた。

かくするうちに、将軍の小金原御鹿狩りは三月一八日終ってしまった。勢力富五郎は見事に関東取締出役の鼻をあかした。

四月に入って何ら進展を見ない捜査状況に業を煮やした関東取締出役は勢力一味の潜む一帯を取り囲むかのように捕手の総勢を七組に分け、シラミ潰しに村毎にローラー作戦を地道に積み上げることに専念した。勢力一党に協力する者がいると見ての捜査方法の変更であった。捕方の指揮権は形式的には取締出役にあったが、実質的に仕切ったのは土浦町の道案内内田佐左衛門であった。

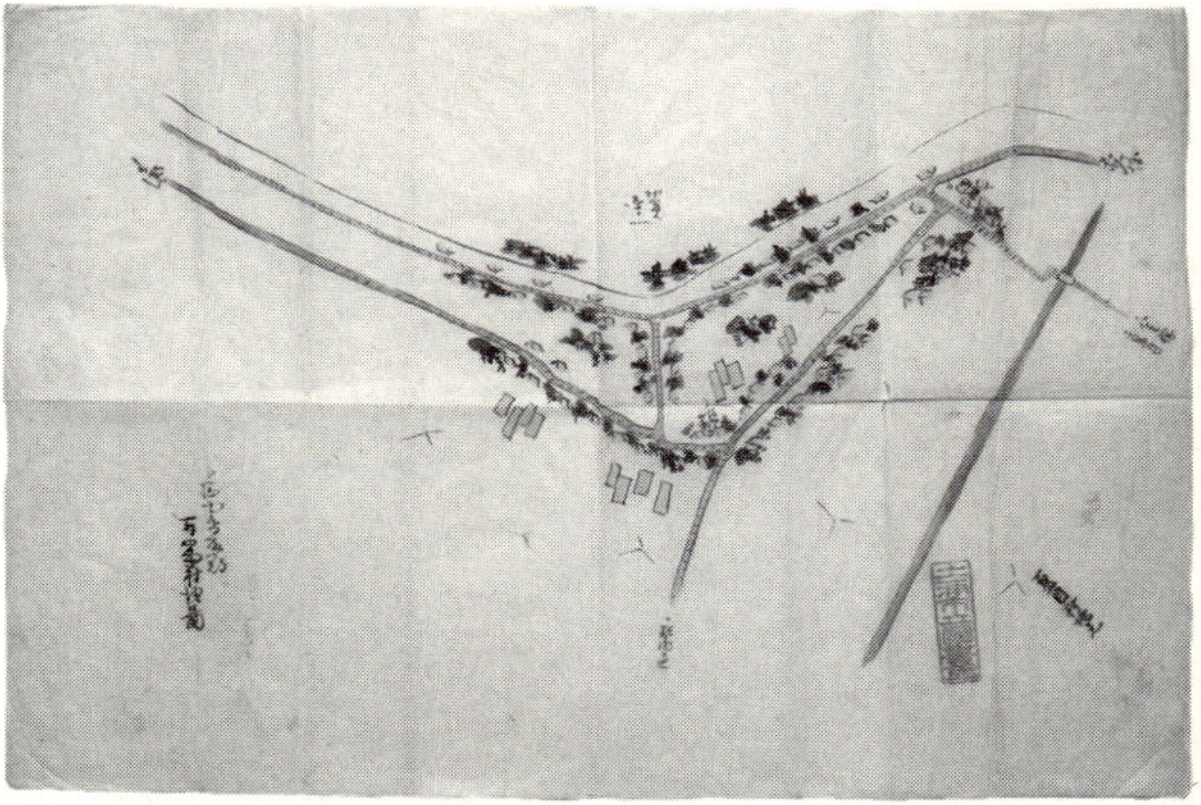

内田佐左衛門による勢力富五郎（佐助）探索図（土浦市立博物館蔵）

道案内内田佐左衛門

佐左衛門は常州土浦藩（土屋氏九万五千石）の城下町土浦本町の歴代本陣、年寄役、問屋等の町役を勤める内田家の四三歳の若い隠居身分であった。道案内とはいえ二足草鞋の博徒等とは大違いの歴とした名望家の主であった。問屋役であった天保八年（一八三七）飢饉に際し町民が備蓄した持合金の運用をめぐって小前層を指導して町役人の不正を藩奉行所に訴え、その結果問屋役を罷免され、隠居させられた人物である。強きを挫《くじ》き弱きを扶《たす》くの任侠の徒であった。土浦藩から排除されたとはいえ、佐左衛門ほどの人材を関東取締出役は見逃さなかった。弘化元年（一八四四）常州小田村・藤沢村・中村宿ほか七六か村改革寄場組合の道案内に任命したのである。隣国下総の捕り物であったが、関東取締出役は土浦の実力者内田佐左衛門を呼び寄せ、佐左衛門も日頃からつき従う子分を連れて馳せ参じた。

中山誠一郎、吉岡静助、渡辺園十郎は笹川河岸の本陣に居座って動かない。勢力を求めて万歳村まで踏み込んだ大熊佐助、斎藤畝四郎は鉄砲が恐くて旅宿から一歩も出ようとしない。八州廻りは筆算に長けた文の人で博徒と渡り合って勝てる武の人ではなかったとい

勢力富五郎鉄砲で自決（大蘇芳年「近世俠義伝」）

われる。実際の捕り物は手先の道案内や岡っ引に任されていた。

佐左衛門は四月一五日勢力富五郎潜伏の可能性の高い小座《おざ》村・大友村・青馬《おうま》村・宮本村・小南《こみなみ》村・粟野村の役人に急状を発した。佐左衛門の趣旨はきめの細やかな捜査体制の強化の指示である。①小座村千手院を前進基地にすること。②村毎に役家を設けて人足一両人を置く。③木戸を設け番人を置き夜番は二人交代制とする。農繁期の四月を慮って多人数の人足は不必要とし、少人数交代制を採用して実質的に勢力一味の夜間の動きを封じ込めようという作戦である。佐左衛門と配下の者が監視可能な村人足の配置と編成である。遅きに失した感もあるが辛抱強い佐左衛門の策は徐々に効を奏し、富五郎は万歳村の隠れ家から追い出され、八重穂村より粟野村城之越、そして小南村金毘羅山に逃げ込んだ。

佐左衛門が配下のもの一同と勢力探索の協議をするのに使ったと思われる絵図が内田家文書中に存在する（一三一頁の図）。富五郎の本名は柴田佐助、「佐助ノ家」と註記された家を中心に幾筋の道が克明に描かれている。佐左衛門の力量が偲ばれる。

ここからの詰めが肝腎である。鉄砲の名手富五郎は一筋縄では捕らえられない。金毘羅山は国定忠治の赤城山に比すれば丘である。しかし高地に陣する勢力の鉄砲は威力を増す。このときも命を的に先頭に立ったのは佐左衛門と配下の者たちであった。佐左衛門内組の小田村源助が鉄砲に当り、勢力騒動唯一の犠牲者となった。

追い詰められた富五郎につき従うは子分の栄助唯一人。宿敵八州廻りの御縄にかかる恥を惜しんだ二人は堂々と鉄砲による自決の道を選んだ。ときに四月二八日、三月八日未明からの大捕物は五二日の長き日を費やしてようやく終わった。

勢力富五郎の正体

「盛（勢）力憤死してより近世水滸の一篇著る」と、日本の水滸伝の嚆矢とまで言われた勢力富五郎は実は「万歳村無宿佐助」が本名であった。

万歳村は村高二八三八石余の大村で上州安中藩（板倉氏三万石）の大田陣屋支配（下総一万石）と旗本吉川氏の二人の領主が支配する相給《あいきゅう》となっている。旗本吉川氏の知行は二三五石余、二六〇二石余の大半は安中藩領分である。

干潟八万石と称せられた新田地帯の北端に位置し、九十九里方面から利根川流域の笹川や松岸等、河岸を結ぶ交通の拠点として栄えた。農村と言ってもヒトとモノの出入りで賑わう宿場の機能を併せもつ。

佐助は本姓柴田、嘉永二年四月二八日自決する。享年二八であったといわれ、逆算すれば数えで文政五年（一八二二）生まれとなる。慶応三年（一八六七）の宗門人別帳から佐助の生家柴田家の状況が明らかとなる。

高八石五升

右同宗同寺㊞
（真言宗地蔵院）

佐左衛門㊞七十八才
養子　弥三郎　四十八才
女房　ちか　四十八才
孫　佐七　廿四才
右嫁　たき　廿一才
妹　とは　廿　才
弟　与助　十八才
妹　たつ　十二才
同　つね　七　才

〆九人内　四人男
　　　　　五人女

佐助自決後一八年後の柴田家は、持高が八石五升、十分に中農の暮らしが可能である。家族構成は三世代、男四、女五からなる。一五歳から六〇歳の働き手が六という効率の良い大家族である。当主の佐左衛門は七八歳の長命である。寛政二年（一七九〇）の生まれ、佐助自死時の嘉永二年には五九歳、おそらく佐助の父親と見て間違いない。佐左衛門は無頼の博徒となって無宿となった佐助に代って娘ちかに養子を迎え、柴田家を守ったのであろう。

嘉永二年の五二日間の大騒動の最中、お上に追われた富五郎こと佐助が潜伏し、山狩り、家宅捜索がつづき、張本人の家として監視の下にあったであろう。大罪人の家の汚名は耐えがたいものがあった。自決したとはいえ、関係者が次々と刑に処され、その後も柴田家は重い荷物を背負うことになった。

柴田家では勢力富五郎こと柴田佐助の死後、手厚く祀り、供養をつづけている。何よりの証しは同家の仏壇の奥深くにあって大切に守られ、拝礼されている位牌戒名に明らかである。

（位牌表）

興善道照清居士霊位

（裏）

嘉永二酉天四月廿八日

俗名柴田佐助　行年二十八才

善を興し、道を清く照らす戒名は任侠であって決して悪党のものではない。父佐左衛門は世の冷酷な視線や悪口に抗してどうしようもなかった悪の息子佐助の霊を柴田家の祭神として祀り、子孫もこれを継承して来たのである。

アウトローには常に毀誉褒貶がつきまとう。勢力富五郎とて例外ではない。

佐助は若き日草相撲で鳴らし、本場江戸相撲に誘われ、雷権太夫に入門、三段目まで昇進したという。あとはお決まりの破門、博奕、無宿のコース、腕力を買われて笹川河岸の博徒でこれも力士崩れの岩瀬繁蔵の子分になってめきめきと男をあげた。頼む繁蔵が関東取締出役と結託する助五郎の奸計によって謀殺されたことから二八歳の富五郎が主役に躍り出ることになり、嘉永二年の大騒動に発展したのである。

関東取締出役五名が雁首を並べ、手先五、六〇〇人、村々から徴発した優に千を超える人足、これだけの軍勢にもひとしき捕り手を相手に負ける戦を敢行した勢力富五郎の俠勇に、いつしか人々は深い同情、感情移入をするようになっていった。とんでもないならず者の悪党とはいえ、建前は仁政を唱えながら、裏では賄賂にものを言わせる御政道に、真正直に歯向かう男伊達の姿を勢力富五郎に見たのであろう。

勢力憤死してより近世水滸の一篇が始まるとされたのは、勢力の恰好の良い生き様、死に様だけではなかった。それは勢力自死後、これを裁いた関東取締出役、勘定奉行、幕府そのものが思い知らねばならないことであった。

勢力一党の武器

勢力騒動で捕らえられた者は、閏四月二日小見川に送られ、関東取締出役の下吟味が行われた。懸り合いの者一〇〇人余にのぼった。四月八日咎人一五人が江戸送りと決まった。翌九日朝、清瀧村無宿佐吉等、九人は唐丸駕籠、今郡村百姓四郎兵衛ら六人は縄付で小見川を出立した。九日滑川、一〇日我孫子、一一日千住と泊りを重ねること三日、一二日四ツ時（午前一〇時ごろ）江戸勘定奉行所に着いた。この四人行列だけで道中人々は奇異の感を抱いたろうが、この一行には一味から押収した雑物の荷を付けた二頭の馬が含まれていた。

所持之雑物

一、鉄砲　拾挺
一、鑓　三筋
一、長刀　弐振
一、種ヶ嶋
一、刀

九つの唐丸駕籠につづく六人の縄付きの行列のみに驚いただけでなく、押収された武器

表6 「勢力一党」関係者一覧

	名前	年齢	身分	処罰その他	備考
1	勢力富五郎	28	万歳村無宿	自決	本名柴田佐助
2	栄　助		万歳村無宿	自決	富五郎子分
3	○佐　吉	37	清瀧村無宿	引廻しのうえ獄門(5/23)	笹川繁蔵子分
4	○勇　吉	31	羽計村無宿	引廻しのうえ獄門(5/23)	富五郎子分
5	○仙蔵(助)	26	羽計村無宿	引廻しのうえ獄門(5/23)	富五郎子分
6	○勇　治	23	万歳村無宿	獄門	重右衛門悴／勇吉子分
7	○宇兵衛	27	岡飯田村無宿	獄門	
8	○文　悦	28	小南村無宿	牢死	医師
9	○藤右衛門	32	関戸村無宿	獄門・病により牢死	
10	○甚　蔵	30	阿玉川村無宿	死罪・病により牢死	富五郎子分
11	○そ　の	22	清瀧村百姓娘	急度叱り置	富五郎密通／利兵衛娘
12	利兵衛		清瀧村百姓	急度叱り置	その父親
13	○武兵衛		宮本村百姓	遠島	富五郎止宿／同道博奕
14	○直蔵(治)		小座村百姓	中追放	富五郎子分／自訴
15	○忠右衛門		清瀧村百姓	江戸払	富五郎止宿
16	○四郎兵衛		今郡村百姓	所払	本名善次／富五郎止宿
17	平　七		常州日川村抱百姓	中追放	鉄砲買受所持
18	○弥惣右衛門		万歳村百姓	過料銭10貫文	古鉄買渡世／鉄砲売買
19	○伊　助		匝瑳郡新町村百姓	過料銭10貫文	刀脇差研拵
20	元　吉		諸徳寺村百姓	過料銭3貫文	焰硝売買

注：○印は江戸送り

の多彩さに人々は奇異の念を強くしたのである。

兵農分離の体制下の武器感覚からすれば長脇差までは許容されるとして多量、多種の鉄砲の存在を眼の当りにして驚愕したのである。

無宿、博徒の武器は長脇差から鉄砲に移行していることを暗示しているのではないか。これは幕藩体制の支配にとって由々しき事態である。

勢力騒動の関係者を一覧してみた（表6）。自死した勢力と栄助を除く一八名は勘定奉行の裁きを受けた。それだけ罪状を重く見たことになる。獄門・牢死した子分たちについて、勢力を止宿させたとして武兵衛、直治、忠右衛門、四郎兵衛の四名が処罪された。ここまでは通例である。問題なのは平七、弥惣右衛門、伊助、元吉の四人である。彼らは全員、鉄砲や刀がらみで摘発された。

平七は常州鹿島郡日川村百姓五右衛門の抱《かかえ》百姓で「猥《みだり》ニ鉄砲買受《かいうけ》所持」したとの罪科で中《ちゅう》追放（武蔵、山城、摂津、和泉、大和、肥前、東海道筋、木曾路筋、下野、日光道中、下総、常陸から追放）に処せられた。表向きは鉄砲不法所持であるが、おそらくは勢力の鉄砲購入に絡んだのであろう。弥惣右衛門は富五郎の村万歳の百姓身分である。古鉄買を渡世とし、鉄砲売買にかかわっていたのであろうか。顔見知りの富五郎はお得意先、鉄砲の修理、手入れはもとより、鉄砲製作まで踏み込んでいたのかもしれない。元吉が逮捕されたのは鉄砲に不可欠な火薬、焰硝の売買を渡世にしていたからである。諸徳寺村は万歳村の目と鼻の先である。勢力の鉄砲の弾薬調達に当たっていたのであろう。伊助は、無宿の代名詞の如き長脇差の研師《とぎし》であった。拵えまでやっていたのであろう。

勢力一党が袋の鼠状況で五二日間もの間、潜伏し得たのには、この鉄砲を主力にした武器から来る集団戦法があったかもしれない。多勢に無勢とはいえ、飛び道具の殺傷力は恐ろしいのである。

確かに勘定奉行は勢力騒動の本質的恐ろしさを見抜いていた。無宿の武力の背後に武器の鉄砲があることを認知し、実態を把握しようとはしている。果たしてこの勢力騒動の教訓は生かされたのか。

下総の勢力騒動は五月二九日勘定奉行の裁許をもってひとまず終結したが、嘉永水滸伝の嵐は止まず、それに前後して武蔵や東海道筋で、きな臭い不穏の気配が立ち昇り始めていた。

3　石原村無宿幸次郎ら関東甲信東海道筋を騒がす

石原村無宿幸次郎の事件簿

この辺で話をかの竹居安五郎に戻そう。嘉永二年（一八四九）兄甚兵衛が摘発され、弟安五郎は江戸で拘束され、中村家は激動に見舞われていた。中村家にのこされた一枚のメモに関八州から甲州を上下して東海道まで荒らしまわった武州石原村無宿幸次郎一味捕縛のためのお上の御固め一覧があった。

嘉永二年疾風の如く駆け抜けていった武州石原村無宿幸次郎とその一味は水滸伝が日本にもあるのだと「無宿通り者恐るべし」の風評を確かなものにした。しかし無宿幸次郎の存在は知られていない。稗史の世界にも登場しない。神出鬼没、電光石火、彗星の如く現われ、またたく間に地平線の彼方に消えた。下総の勢力、上州の忠治が後世甦ってヒーローとなったのとは対照的に忘れ去られてしまった。

最近の市町村史の編さん等地域史研究の高まりの中でようやく断片的ではあるが幸次郎

表7　石原村無宿幸次郎の事件簿

年月日	事　件
嘉永元年(1848) 7月27日	武州秩父在田中村無宿岩五郎系の石原村無宿幸次郎と一味のもの、伊勢松坂の博徒半兵衛襲撃殺害。半兵衛古市の丹波屋伝兵衛・義弟伊豆間宮久八に仇討を遺言。
嘉永2年(1849) 4月5日	田中村岩五郎・石原村幸次郎一味と丹波屋伝兵衛・間宮久八一味が遠州岡田村で斬り合い。
閏4月16日	間宮久八ら豆州三島宿で幸次郎一味の武州無宿金五郎を殺害。
8月21日	間宮久八ら駿州御宿村で幸次郎一味の武州無宿惣蔵を殺害。
8月25日	幸次郎一味無宿21名、武州熊谷宿周辺で殺人・強盗・傷害を繰り返す。
9月6日	幸次郎一味のもの武州から南下、甲州鰍沢で博徒目徳を殺害。
9月10日	幸次郎ら駿州植田新田無宿善七を拉致し、一本松新田源兵衛から首代35両余を強奪。
この頃	幸次郎一味のもの遠州相良の博徒富五郎を海上から襲おうとするが失敗。
9月21日	韮山代官江川英龍無宿召捕のため手代を派遣、翌朝柏木捴蔵ら駿州ぐみ沢で幸次郎一味のものと激突、一味の内2名召捕1名射殺1名負傷1名逃亡。
9月24日	中山道長久保宿で幸次郎一味のもの捕らえられる（4名)。
9月28日	岩村田宿で幸次郎一味の浪人吉川左馬之介捕らえられる。
10月9日	幸次郎甲府勤番支配に捕らえられる。
11月8日	山籠り一件（幸次郎一味のもの）本庄宿で吟味の上、江戸送り。
12月	幸次郎ら処刑さる。

一味の関連資料がみつかり、これらを継ぎ合わせたところ、勢力騒動や国定忠治に勝るとも劣らない大事件であったことが段々明らかになって来た。嘉永水滸伝を彩る無宿者のエネルギーの暴発を後世に伝える一大エポックとして位置付けられる。

嘉永二年八月二五日石原村無宿幸次郎を首領とする無宿二一人は武州板井村（現埼玉県熊谷市）のかつての道案内八五郎を怨みから襲い、女房を押えて置いて金銭を強請《ゆす》り取り、その足で東山道熊谷宿に向かい、髪結八十八の抱えの林蔵の女房さくを略奪した。他人の女房をかつて愛人《いろ》であったことを口実に幸次郎は力ずくで連れ出したのである。二一人もの無宿の集団は脅威である。長脇差は当り前、鉄砲、槍、太刀まで携帯した軍勢は道案内、手先、岡っ引はもとより、八州廻りとて恐るるに足りない。

一味は秩父から甲州に入り、九月六日鰍沢河岸の博徒目徳を殺害、富士川を下って途中の南部宿では無宿久左衛門を囲置して暴行を加えている。岩淵（現静岡県富士市）に上陸、東海道筋に乱入した一味は、九月一〇日駿州植田新田（現沼津市）に現われ、居酒屋を営む無宿安蔵を襲う。留守を知るや父親の無宿善七を拉致し、首代二〇両を要求、払えないと言うや名主安右衛門宅に向かい代納するよう強要した。出さなければ善七を殺すという脅迫に二〇両の大金の持ち合わせのない名主は一本松新田（現沼津市）の親類の質商源兵衛に取り継いだ。現金があることをいいことに源兵衛から金三五両を強奪、店先にあった鰹節、脇差、羽織地反物まで盗んで去った。それから東海道を西へ、由比宿（現静岡市清水区）で船を雇った一味は遠州相良（現牧之原市）を目指す。相良の博徒富五郎に海上から殴りこみをかけようとする算段であった。難風が吹き、時化《しけ》となり、更に幸次郎一味襲来の報に相良藩まで繰り出しての固めを前に上陸を断念、引き返す。

見境のない悪業に遅きに失したがお上も黙ってはいない。二一人の無宿者は目立つ。ここから一味三手に別れ、逃走にかかる。甲州青柳村無宿藤五郎、武州五明村無宿亀吉等は間道を北上、駿州宍原《ししはら》（現静岡市清水区）で一泊する。ここで二手に別れ、藤五郎のグループは富士川を渡って上井出村に出て富士山根方《ねかた》の人穴《ひとあな》村を経て吉田、そして籠坂峠を越えて駿州御厨（現御殿場市）辺を徘徊中の九月二一日、支配所植田新田、一本松新田を荒され、怒り心頭に発した韮山代官江川太郎左衛門英龍が急遽派遣した鎮撫隊に遭遇、白兵戦のあと一名即死、一名負傷、二名捕縛、一名逃亡となった。

無宿亀吉らは甲州から信州に北上、東山道に姿を現わし、京都一条殿姫君寿明君関東下向を碓氷峠で奪い取るのではと中之条代官はじめ安中・板倉各藩を緊張させた。九月二四日ようやく中之条代官が五人を捕らえる。

一方、首領の幸次郎は女を連れ駕籠で通行したといわれる。甲州に入って潜伏中、甲府勤番支配の者に一〇月九日甲府で捕らえられた。

八月二五日から一〇月九日までの足かけ三月、四十余日間に武州熊谷宿辺から秩父、甲斐を横断、富士川下って東海道、海路相良、戻って甲州、ここから駿州御厨、東山道信州と武甲駿遠信の五か国を股にかけ、やりたい放題に犯罪の限りを尽した。お上の秩序を小馬鹿にした所業の被害者はこれもいわくつきの相手である。かつての道案内、現役の博徒、無宿である。背景には博徒間の大規模な出入りがあったらしい。

石原村幸次郎対間宮久八

幸次郎と一味の軍団の突発的とも思える電光石火の一連の暴虐の発端は、嘉永元年（一八四八）七月二七日に起こった伊勢松坂の博徒半兵衛殺害にあった。関東の謎の博徒田中村無宿岩五郎の差し金で一の子分幸次郎等が勇躍関東から出向き半兵衛の寝込みを襲った。重傷を負った半兵衛はこれがもとで死亡。今際《いまわ》のきわに盟友関係にあった伊勢古市《ふるいち》の博徒丹波屋伝兵衛を枕元に呼び仇を討ってくれと遺言したという。兄弟分の死際の最期の頼みとあれば任侠に生きる伝兵衛は意地でもやらねばならない。伝兵衛は兄貴分の伊豆の博徒間宮久八に一緒にやってくれと頼んだ。伝兵衛は伊勢参宮で賑わう古市を縄張りとする大博徒であったが、生まれは伊豆国多田《ただ》村（現伊豆の国市）の百姓、常習博奕を韮山代官に摘発され入牢、天保一一年（一八四〇）一〇月一一日中追放に処せられた。その後東海道を西へ、江戸、大坂、京都につぐ繁華の地伊勢古市に流れ、一〇年も経たず大親分に成り上った。多田村と間宮村はつい目と鼻の先、女房が伝兵衛の実姉ということもあって久八とは強い同盟関係にあった。もちろん久八こそ新島島抜けのかの安五郎を甲州に逃がした

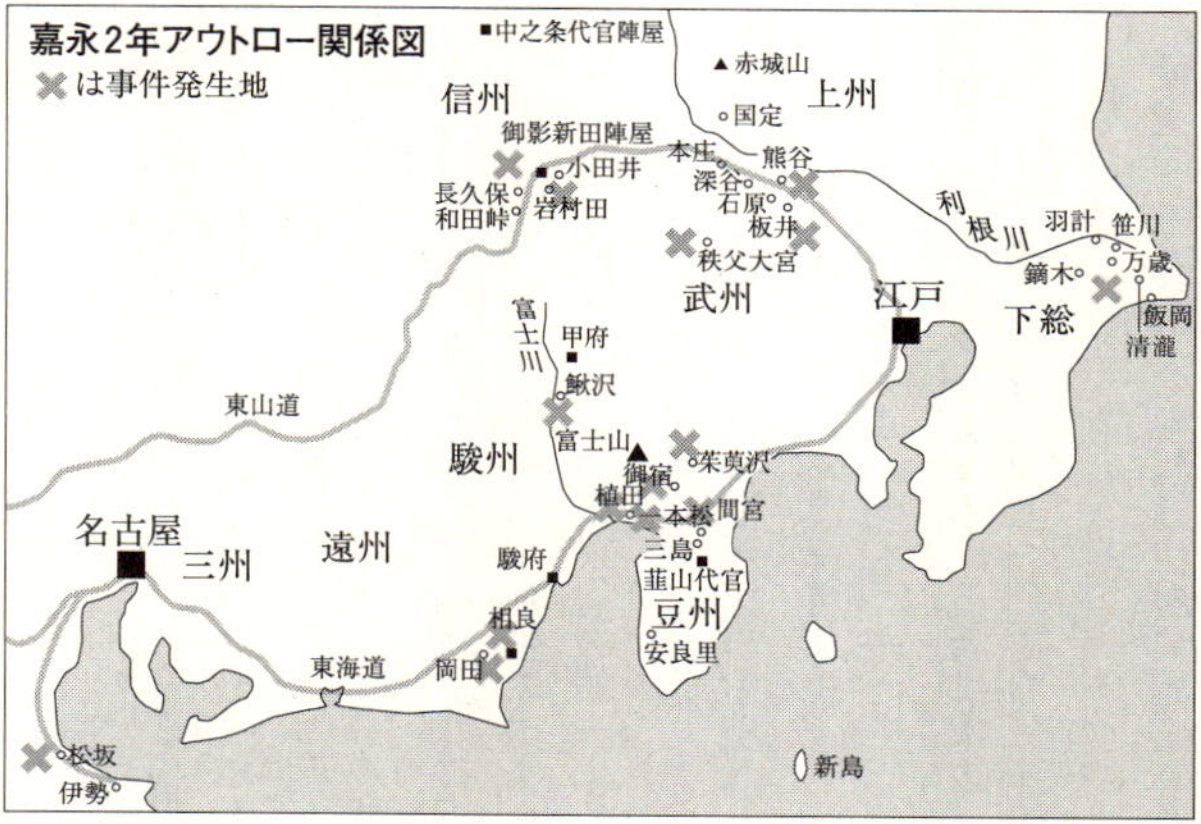

大恩人である。嘉永二年の水滸伝は関東の岩五郎・幸次郎と伊勢古市の伝兵衛・伊豆間宮久八との大物博徒間の血で血を洗う大喧嘩の出入りであったのである。

　嘉永二年四月五日、双方は遠州岡田村（現島田市）で衝突、斬り合いとなった。岩五郎は背中、幸次郎は股へ鑓を受けたが、久八子分伊達五郎を斬殺、三人に傷を負わせた。勝負は決着せず、益々恨みを増幅させ戦闘は激化する。伊豆・東駿河を勢力下とする久八は面子にかけて岩五郎・幸次郎一味の掃討にかかる。

　閏四月一六日間宮久八は東海道三島宿で武州無宿の金五郎を血祭りにあげる。つづいて八月二一日には駿州駿東郡御宿村（現裾野市）の茶屋に潜伏する無宿惣蔵を抜身・槍・鉄砲で武装した子分二二、三人を率いて襲い、突き殺し、鬨《とき》の声をあげて引き揚げた。殺されたのはいずれも幸次郎の子分である。

これを関東で耳にした石原村無宿幸次郎は烈火の如く怒って子分二一人を召集し、武州熊谷宿周辺を荒らし廻って軍資金を手に入れ、岩五郎の潜む秩父を経て甲州に入っておそらく間宮久八、丹波屋伝兵衛に連なる鰍沢河岸の博徒目徳を襲撃して殺害したものと思われる。

竹居村甚兵衛・安五郎の兄弟は久八に近いところにいたであろうから石和代官、田安家領知田中陣屋からは睨まれ、身動き出来ない状況にあったと思えるが、間宮久八が兄弟分であるからには、緊張して、幸次郎一味の甲州通行を見守っていたであろう。

富士川を下って途中南部宿で暴行した久右衛門も間宮久八と連携する博徒であろう。そして東海道筋で襲った植田新田の安蔵は八月二一日、間宮久八の駿州御宿村での惣蔵殺しに加わっていた。惣蔵の恨みを晴らそうという首代であった。幸次郎一味が一転、由比宿から乗船、海上を相良に向かったのも、相良の博徒富五郎を狙ったものであった。富五郎も間宮久八、丹波屋伝兵衛と盟友関係にあったためであろう。幸次郎一味は富士川舟運で賑わう岩淵河岸の博徒源七のところに逗留している。源七は久八に敵対し、幸次郎に味方したのであろう。

博徒の二大勢力の戦闘は伊勢に始まり遠・駿・豆・武・甲・信と七か国を攪乱し、幕藩制支配の秩序を失墜させたが、幕府の権威をかけた警察力の行使で幸次郎一味が分解し終息する。ただ奇妙なことに、捕らえられ、処刑されたのは武州を基盤とする幸次郎一味の者ばかりで間宮久八は免れ、隠れた。韮山代官は九月二三日、惣蔵殺害の二日後、伊豆安良里村（現西伊豆町）に潜伏する久八の召捕りを命ずるが、久八の逃げ足は速く何処へか消えた。久八は韮山代官支配所の三島宿で無宿金五郎、更に御宿村で惣蔵を長脇差、鉄砲、槍で武装させた一団で堂々と殺害した。にもかかわらず、久八は四年後の嘉永六年の黒船騒ぎのなか復活し、御台場築造に深くかかわることになる。

博徒のネットワークと出入りの広域化

幸次郎の引き起こした大騒動は逮捕者が次々と東山道本庄宿に集められ、関東取締出役の下調べののち、江戸勘定奉行所に送致され、処断され収拾に向かう。迅速な処置も異例である（国定忠治は逮捕から磔刑まで一年四か月）。幸次郎は一〇月九日に甲府で勤番支配に捕らえられ、本庄宿へ移され、一一月八日江戸勘定奉行所へ送られ、一二月に獄門となった。関係者の罪状と行刑その他を一覧表にしてみた（表8）。

まず気付くのは犯罪の多彩さと暴虐さである。殺す、奪う、盗む、脅かす、暴力は当り前の犯罪の世界である。これらは単発ではない。連発、連続して次々と二一名の悪党によって行われたのである。しかも疾風怒濤、電光石火の早業である。まさに神出鬼没、この

山籠り一件の罪状と裁許

嘉永 2. 9. 21 駿州茱萸沢地内韮山代官へ抵抗	嘉永 2 甲州万沢口留番所除	嘉永 2 勝蔵指切落し	嘉永 2 無宿久右衛門囲置乱暴	その他（余罪）	処　罰	備　考
	◎				獄　門	嘉永 2.10.9 甲府勤番召捕. 11.8 江戸差立
					死　罪	
○		○	○	◎財布奪取	獄　門	嘉永 2.9.21 韮山代官召捕
			○		死　罪	嘉永 2.9.21 韮山代官召捕
			△		死　罪	嘉永 2.9.21 韮山代官召捕
		○	○	○万吉傷害	死　罪	嘉永 2.9.24 中之条代官召捕
		○	○		死　罪	嘉永 2.9.24 中之条代官召捕
		○	△		牢　死	嘉永 2.9.24 中之条代官召捕
		○	○		死　罪	嘉永 2.9.24 中之条代官召捕
		○	○		死　罪	嘉永 2.9.28 中之条代官召捕
				△銀蔵殺害	死　罪	
					死　罪	
				◎惣蔵殺害	死　罪	間宮久八子分召補
◎			○	○万吉傷害	牢　死	韮山代官召捕
	○			◎文治郎殺害	牢　死	
					江戸十里四方追放	
				○亀吉傷害	牢　死	
				△銀蔵殺害	遠　島	

表8　石原村無宿幸次郎

	嘉永元.7.27 勢州松坂博徒半兵衛殺害	嘉永2.8.25 武州板井村八五郎(道案内)から金子奪取	嘉永2.8.25 熊谷宿八十八髪結抱人林蔵女房さく奪取	嘉永2.9.10 駿州植田新田安蔵，一本松新田源兵衛襲撃・金子奪取
武州石原村無宿幸次郎(28歳)	◎	◎	◎	◎
遠州掛川宿無宿磯吉	○	○	○	
甲州青柳村無宿藤五郎(23歳)		○	○	○
武州古里村無宿豊吉(33歳)				○
信州高野村無宿金兵衛(33歳)				○
武州五明村亀吉		○	○	○
武州竹本村駒治郎(吉)				○
武州竹沢村無宿半兵衛				○
武州腰越村清兵衛				○
雲州浪人吉川左馬之介		○		
武州本庄宿源治郎			○	
遠州新原村無宿熊五郎	○			
堀之内村無宿入墨友吉				
勢州無宿政吉		○	○	○
武州松山町無宿万吉		○	○	○
沼津宿無宿力蔵	△			
無宿仙之介				
菊蔵				

凡例　◎：重立　○：共犯　△：居合

いるのか。

行動力には治安警察の専門官関東取締出役でもついていけない。悪党の構成はどうなって

途中死亡した者も多く、逃亡した者もいるので全員というわけではない。しかし、最後に残った無宿どもはなかなかの剛の者である。武州八、遠州二、甲州一、信州一、勢州一、駿州一、長州一、浪人一、不明二、の出自は幸次郎一味が武州を本体としながらも広汎に無宿者いわばアウトローを動員していることが判明する。初発の二一名の構成はより鮮明である。武九、甲五、遠三、信一、勢一、浪人二の構成であった。博徒の離合集散は広汎な範囲で行われている。

また、博徒の棲息地に注目したい。宿、河岸、湊といった交通・流通の結節点である。しかも、事件現場には何の変哲もない村の百姓家も含まれている。一見、身分は百姓であるが実際は居酒屋や茶屋、質商を営む。博徒・無宿の奔放な活動の背景には脇往還、間道、船路といった流通ルートを結ぶ繁華な町と村があった。もちろん活計《たつき》の資となる博奕、遊所の盛行も見落せない。博徒は全国的に変貌を遂げる地域社会の中で順調に成長して来たのである。

騒動の核心であった博徒の対立、出入りの構図はまさに博徒のネットワークが形成されていることを暗示している。関東の岩五郎・幸次郎と東海道筋の間宮久八・丹波屋伝兵衛の二大グループの血を血で洗う対決である。幸次郎に殺された伊勢松坂の半兵衛・甲州鰍

沢目徳、襲われた南部の久右衛門、遠州相良富五郎は久八・伝兵衛の系列である。

嘉永二年全国津々浦々に生まれていた博徒は種々の利害や人間関係のなかで任侠のアイデンティティを前面に大規模なネットワークを形成しつつあった。同時に敵対と同盟を繰り返しながらも博徒同士が離合集散を容易に行えるような独自の世界をつくりあげていたのである。一宿一飯の恩義とか仁（辞）義と呼ばれる挨拶とか独特のきまり、掟、不文律を自らのものにしていたのである。

博徒のネットワークは博徒の広域化と同時進行し、盟友関係を拡大したが、一方で対立、出入りを大規模にし、幕藩領主制度の最大の欠陥である入り組み錯綜する支配体制の弱点を衝いてアウトローの実力を見せつけることになった。

韮山代官ドントル筒（新鋭連発銃）で無宿と対決

幸次郎一味と間宮久八の戦闘は取締る側の幕府当局を震撼させた。神出鬼没、疾風怒濤のように押し寄せては退き、殺戮を辞さないアナーキーにして広域にわたる犯罪に混迷を深めざるをえなかった。

幸次郎一味の地盤であった武州では関東取締出役は勢力騒動の決着がようやく見えたと思う間もなく、広大にひろがる国境の多摩、秩父山中の山狩その他御固めに当たらねばならなかった。その全貌が多摩の地域史研究グループ「昭島歴史をよむ会」の「悪党狩」特

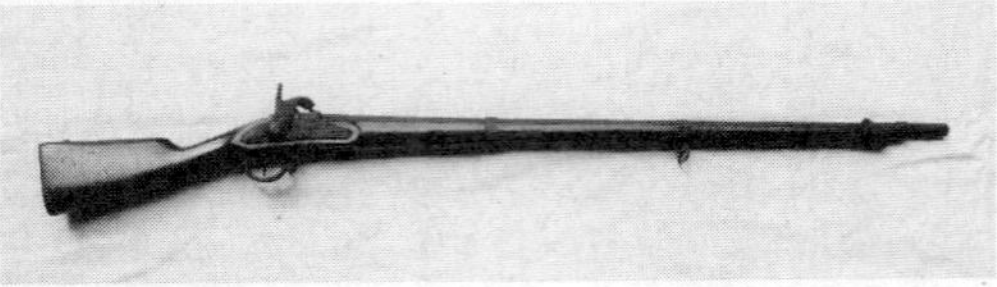

（上）ドントル筒（連発銃）（下）韮山代官奉納的板
（江川文庫蔵）

集で明らかにされている。八月二八日から一〇月九日の幸次郎召捕まで甲州境に連なる武州の一帯の村々は改革組合の編成の下、人足その他に駆り出されてはその費用を分担させられた。あの甲州竹居村の中村甚兵衛・安五郎兄弟が詳しく記録した幸次郎一味捕縛のための情報も、大がかりであった御固めの様子を示している。

府中寄場組合二六か村の入用だけでも金三四両、銭六〇貫文余に達した。また動員された道案内は一〇五人、入間・多摩両郡の村々百姓は一五一八人にのぼった。これに川越藩（松平氏一〇万石）から一七九〇人、関東取締直属が一一七人、改革組合大小惣代四八人、これに上州、野州からの応援人足五〇〇人余が加わる。総勢四〇七八人というものものしい御固めである。最大二一人の幸次郎一味の悪党にいかに攪乱されているかが明らかになるであろう。

電光石火、神出鬼没の一味の行動力と長脇差のみならず鉄砲を使う武力を前に混乱を極めたのである。勢力騒動で懲りた幕府はこれに輪をかけた幸次郎の悪党振りに無宿・博徒のアウトローの力量をいやが上にも思い知らされることになったのである。

こうした及び腰の幕府のなかでひとり強硬な対応をしたのは韮山代官江川太郎左衛門英龍であった。幸次郎一味の東海道乱入の報を勘定奉行から受けて間もなく、一味がなんと支配所の一本松新田の源兵衛宅を襲い、金三五両余を恐喝したとの知らせに接する。急遽腹臣の手代を派遣して鎮圧に乗り出した。このとき長脇差はもとより鉄砲・槍まで持つ無宿の武力に対抗するに自らが開発・改良して鋳造・製作したドントル筒（新式の連発銃）を携帯させた。

天保年間から郡内騒動に顕著であった無宿者の暴虐に対抗するに農兵の必要を説き、黒船の外夷との結合を恐れた江川英龍は新式の鉄砲の開発と採用を建議して止まなかった。

幸次郎一味の別働隊が甲・相・武のいずれに逃げるのか、駿州御厨（御殿場）地方にあるとの情報を得て一行は韮山を発って三島へ出て北上する。韮山代官開発の新鋭の連発銃の威力を実戦で試すときが来たのである。

江川英龍の選りすぐった手勢は、手代柏木摠蔵（二八歳）、山田山蔵、家来矢田部卿雲（洋学者）、これに足軽二人小者二人の七人の非力である。

彼らの実力の程を教えてくれる証拠の品が韮山代官屋敷内の八幡宮に奉納されている。

弘化二年（一八四五）正月二日、ドントル筒試射で射ち抜いた的板を手代各自が打ち付けた奉納板である。山田山蔵は左辺を弾丸がかすめた程度であるが矢田部卿雲のそれはほぼ真中を射ち抜いている。ドントル筒の試射訓練を重ねての実戦であったのである。

嘉永二年（一八四九）九月二二日早朝御殿場茱萸《ぐみ》沢村で一味と遭遇、武州古里村無宿豊吉と信州高野村無宿金兵衛の二人を召捕る。ここまでは順調であったが、甲州青柳村無宿藤五郎、遠州無宿秀吉、勢州無宿政吉の三人は百姓良蔵宅（実は茶屋）で腹拵えのあと休憩中と判明した。

茶屋の表口と裏口を押え、柏木捴蔵が真先に表口からドントル筒をひっさげて踏み込む。「一同神妙ニ縄ニ可掛《かかるべし》、若不法相働《もしふほうあいはたらく》ニおいてハ用捨不致《ようしゃいたさず》」（一同神妙に御縄につけ、もし不法を働くようであれば用捨はしない）と大声で叫ぶや、横になって休息中の三人は矢庭に起き出し、長刀をふりかざして斬りかかって来た。素早い無宿の気迫に押され、柏木捴蔵は初太刀をドントル筒ではずしたものの、刀を抜く暇がなく、ドントル筒を取り出すことも出来ず、そのまま腰だめにて打ち放った。藤五郎は重傷を負う。のこる二人は戸外へ逃亡、田圃の中での白兵戦となった。田の畦道で足軽、小者が秀吉に追いついたものの十手と長刀では勝敗は明白、二人は追い詰められ、あわやというそのとき、射撃の名手矢田部卿雲は狙いを定めドントル筒を発射、弾丸は秀吉の左乳脇より左腕へ貫通、即死した。この激闘の間隙を衝いて政吉は逃亡した。韮山代官の戦績は召捕三（内一は重傷）、即死一、逃亡一であった。

　無宿三人を不意打ちにしてしかも最新鋭兵器ドントル筒をもってしても一人には逃げられたのである。お上の御用の捕り手に対し何らのためらいもなく全力で手向かってくる無宿の気迫そして武力は、かつてのこそ泥やいかさま博奕の遊び人の比ではない。当たり前と言えば当然ではあるが悪を懲らすお上の側も命を的にする覚悟がなくては勤まらない時世となった。

　それにしてもかくも積極的、やる気満々の韮山代官江川英龍と腹臣の手代柏木捴蔵らは何故に島抜けの大罪人甲州竹居村無宿安五郎を捕らえようとしなかったのか。草の根分けても、ドントル筒を駆使してまでも自らの支配所新島の御制禁の島抜けを敢行した安五郎は許されるものではない。事実はそれを見逃したのである。尚更不可思議なのは幸次郎騒動の一方の当事者間宮久八を捕らえなかったことである。幸次郎はじめ一味は極刑に処せられ、刑場の露と消えた。間宮久八一味は僅か豆州堀之内村無宿入墨の友吉一人が駿州御宿村での惣蔵殺害の責めを負って死罪となっただけである。久八は逃げ、隠れ、嘉永六年六月八日夜に島抜けした竹居安五郎を迎えることになる。

山籠り幻想と梁山泊

幸次郎の大騒動は江戸の話題にのぼった。藤岡屋日記は嘉永二年一二月二七日「山籠り一件落着」と題して幸次郎一味に対する勘定奉行池田播磨守の判決書を掲載している。つづいて事件の経緯に遡り、風聞を拾い、また韮山代官の勘定奉行所宛の一味召捕りの届書公文書まで引用している。

藤岡屋が幸次郎一件を「山籠り」と捉えているのは面白い。江戸の雀は神出鬼没、電光石火の幸次郎一味の所業を「山籠り」というイメージで表現したのである。

謎の親分田中村無宿岩五郎は「武州秩父在、無名、異名田中の岩」として登場し「頭人」にて子分三〇人余を集めて熊谷宿の絹商人を殺害《せつがい》、所持金三〇〇両と数多の端物《はもの》を奪い、更に忍藩の領分秩父大宮宿の陣屋へ押し入って槍・鉄砲を盗んだと紹介されている。幸次郎の親分田中の岩はひとつスケールの大きい悪党であると描かれているが消息は不明である。やはり謎の悪である。

藤岡屋は武州に張りめぐらされた数千人に及ぶ大仰な捕り手と、秩父から山越えして甲州そして信州と神出鬼没の一行の模様を伝えている。

八月二七日、(幸次郎の熊谷辺での騒ぎの二日後) 堀之内祖師参詣の折「近辺之山へ山籠り悪党」の噂話を耳に入れ記事にしている。飛び道具を持って押込み強盗する悪党の首領がいつの間にか「阿州浪人一九才」(吉川左馬之介のことか) の美少年に擦り替っている。

一行は上州草津から渋峠を越えて信州へ逃げるかと思えば、又々甲州から東海道箱根辺に出現、韮山代官の陣屋へ押しかけるも鉄砲で撃退され、三島宿へ下って一部が搦め捕らえられたという風聞を伝え、一転信州に逃亡の「山籠之悪党」が碓氷峠で関東下向の一条殿姫君寿明君を奪うとの評判に岩村御代官所、安中藩（板倉氏）が防禦に腐心して大物入だとの風評をメモしている。

江戸の人々の受け止め方は峠越え、山越え、山籠りと何か水滸伝の梁山泊のイメージに近付いていくようである。電光石火悪事を次々働き疾風怒濤と動き廻り、逃げ足は神出鬼没、山中に籠って隠れる。彼らの根拠地はかの一〇八人の豪傑が立て籠って宋の大軍と闘った梁山泊を想定、夢想していたのではなかろうか。そう言えば下総の勢力富五郎も最期は万歳山であった。国定忠治も上州赤城山に隠れたという。

人々には水滸伝の梁山泊がまずあって、これに幸次郎一味の国境、領地境をものともせず山越え、峠越えで縦横無尽に悪事を働き山に籠るが如き行動に梁山泊をあてはめたのであろう。

未だ謎を残すアナーキーなアウトロー石原村無宿幸次郎のプロフィールを人相書から紹介しておこう（「悪党狩」特集）。

一、年頃三十才位

一、丈高く顔細長く色青白く太り候方

一、あばた少々有之《これあり》

一、足之黒ぶし之上ニ突疵《つききず》有之《これあり》

身長が高く顔は細長、色青白いとなれば幸次郎はニヒルさを漂わす男伊達、あばた少々あったとて肉付きもよく貫禄十分の押し出し、足のくるぶしの疵は無宿者の勲章であろう。

4 国定忠治磔刑に死して劇盗となる

中風の忠治ついに御縄

天保一三年(一八四二)関東取締出役道案内三室勘助を甥板割浅太郎に斬らせ、会津方面に逃亡した国定忠治は、ほとぼりのさめた四年後の弘化三年(一八四六)冬、赤城の故郷の地に現われた。武闘の博徒の勇名を馳せた忠治ではあるが股肱の子分日光の円蔵、板割浅太郎の手足をもがれ、頼りは年寄、女子供となってしまった。それでも逆境に強いのは女性である。パトロンの女傑五目牛《ごめうし》村の徳が「凋零《ちょうれい》」の忠治を叱咤する。

忠治は嘉永二年(一八四九)三月七日から始まった下総の八州廻り総動員の捕物騒ぎをどのように見ていたのだろうか。利根川舟運で固く結びついた上州と下総、風の噂どころではない。天保八年(一八三七)忠治の恩に報いるに身代わりとなって自訴、露見して梟首になった北総の人、神崎友五郎がいる。神崎友五郎はかつて勢力富五郎の子分であったが、岡っ引を殺して金を奪う破目となり、無宿となって国を売り上州国定忠治の身内になったといわれる。勢力騒動は忠治の耳に達した。また続いて関東取締出役を震撼させた石原村無宿幸次郎の情報も蛇の道は蛇で伝えられたであろう。力をたくわえた忠治は二人の大活躍のお蔭で縄張りの「盗区」を基盤に再起を極め込んだ。勢力富五郎、幸次郎に呼応して決起するチャンスを窺っていたかもしれない。

一方、前年富五郎と幸次郎に引き摺りまわされた関東取締出役は嘉永三年（一八五〇）に入ると札付の博徒国定忠治の捕縛を狙っていた。

ところが七月二一日愛人お町のところで就寝中、脳出血が忠治を襲った。呂律が回らず、涎を流す忠治にお町は驚き、弟友蔵、田部井村名主宇右衛門に使いを走らせた。知らせを聞いて駆けつけた二人は、体の自由を失ったお尋ね者忠治をどう匿うか頭を悩ませ、まさかのときに強い徳に引取って貰い静養させようと決した。戸板に乗せ、密かに五目牛村の徳を訪れ、事情を訴えるが、町のところで倒れたことを漏れ聞いていた徳はこれを拒絶する。結局は田部井村の宇右衛門が忠治を匿うことになった。それから約一か月後、関東取締出役中山誠一郎と手先が宇右衛門宅を急襲する。中風の忠治はかつての武闘派の面影はなく召捕らえられた。弟友蔵、女房の鶴は姿を隠したが、徳、町、宇右衛門、子分清五郎ら七名も難なく連行された。

悪の限りを尽した者ほどひとたび捕らわれ人となれば未練がましきことは一切こぼさず実にいさぎ良い模範囚に変身するものである。忠治は罪を償う罪人のお手本に自らをつくり変えていく。

嘉永二年の勢力富五郎、石原村無宿幸次郎の騒ぎの余波はつづいている。水滸伝は房総の山々、駿河と甲州にまたがる富士山や信州の巍々とした山岳に梁山泊のような無宿者の巣窟があるのだという幻想を抱かせた。

嘉永三年、中風に倒れた国定忠治は生身の無宿の悪党がどんなものであるかを天下に見

板割浅太郎持参の勘助の首を検むる忠治

せつける役割を担うことになった。任俠、男伊達《おとこぎ》は散り際こそ花となるのである。忠治の思いは潔くお上の裁きを受け、天下に悪の償いを告知することに傾いていた。

「筒取貸元」、賭場荒らし、島村伊三郎殺害、勘助を甥浅太郎に殺害させた親族殺しの教唆、そして信州街道大戸の関所「除《よけ》、山越」などなど。犯科重畳、極刑免れ難き忠治である。公事方御定書一〇三か条にいくつも付箋が貼れる罪状の多彩さである。

忠治はここで死を真摯に受け入れ、お上の見せしめのために全身全霊を捧げることを決心したのである。ここに忠治磔刑死の演出が始まる。史上稀にみる極悪人、近年見ることも稀な磔の公開処刑。死して甦る絶好のチャンスである。それには相応の儀式、場面を踏まねばならない。そこまで読んでやったのかは不明であるが、忠治の死が一式の芝居仕立てに仕組まれていった。忠治は現世を劇場に見立て、一般大衆を観客に、さまざま関係者を役者にして男伊達の最期を演じてみせることにした。演出は五日牛の鷙悍《しかん》の徳である。

忠治白洲吟味の場

九月二八日日光例幣使道玉村宿に送られた忠治ら一一名は関東取締出役中山誠一郎・関《せき》畝四郎《うねしろう》の取調べを受けることになる。回心した忠治はのこされた子分たちの思いとは逆に罪の償いを真剣に受けとめさばさばとした心境にあった。逃げ隠れしようとする気持ちは全くなかった。これを考慮した中山らは入牢とか「圏預ケ《かこいあずけ》」の処置はせず、玉村宿の旅籠を割り当てこれを牢に代置した。破格な待遇である。忠治は一切悪あがきはせず、中山が繰り出す罪状をすべて認めた。ものわかりの良い模範囚である。名うての悪ゆえ、手こずらされるのではという危惧は一切当らなかった。

一〇月一五日、忠治と関係者の取調べは終わって口書《くちがき》（取調書）は出来上がる。

玉村宿出立時の忠治のいでたつ姿はいよいよ死出の旅路に向かう勇者を思わせる。特別誂えの唐丸籠《とうまるかご》に小袖五ツの御召縮緬《おめしちりめん》を着用し、これも御召縮緬製の五ツの座布団を敷いて乗り込んだ。例幣使道から中山道へ一路江戸へ。

嘉永三年一〇月一九日厳重な警備のなか忠治一行の目籠八挺は勘定奉行池田播磨守頼方御役屋敷に入った。撒き銭しながら江戸市中を大手を振っていく忠治の男伊達振りを江戸の情報屋藤岡屋はメモする。

包《ほう》ずの丸籠にて
衣類　棒縞縮緬綿入三枚重
黒繻子《くろじゅす》半襟付中形縮緬
敷布団三ツ重、同どてら二枚を掛

江戸入りを前にお色直しをしたのか、ややファッションは出立時と異なる。江戸っ子の眼を引くパフォーマンスに成功した忠治はいよいよ幕府の吟味、お裁きを受ける。

極刑を覚悟し、従容として運命を甘受した忠治は、小伝馬町の獄舎のあまりの凄惨さに度肝を抜かれた。牢内の環境の劣悪さ、行刑によって罪を正当に償う以前に死に至ってしまう。衛生状態がよくない。収容スペースに対して過剰な囚人、飲食するところと排便するところが一緒だった牢内は異臭に満ちている。

それ以上に忠治が悪弊としてウンザリさせられたのは牢名主制に見られるイジメであった。地獄の沙汰も金次第ではないが蔓金がものをいい、入牢年次や犯罪軽重が囚人の序列に影響する。牢内の縦秩序による一方的過酷な扱いが、刑の執行を待たずに囚人を牢死に至らせる。これでは幕府の治政の権威を損ね、囚人、お上双方にとって不幸であると忠治は痛感した。一癖も二癖もある子分を率い、武闘派の親分として鳴らした忠治が、牢内の悪弊の改善を訴えるのは身のほど知らずでもあろうが、おそらく勘定奉行池田播磨守直々の極刑磔の申し渡しの白洲の場で忠治は一言、二言、お上の見せしめのため極刑に喜んでなるつもりです、それにつけても伝馬町の御牢はよくありません、あれでは晴れて罪の償いを見せようとしても、思い半ばにして獄死するしかありません、と居並ぶ幕吏の面々に臆せず改善方を陳情したであろう。

中山道板橋宿暇乞い

大戸の関所で磔刑と決まった忠治は一二月一六日、執行官の岩鼻代官林部善太左衛門の代理の検使役手代秋汲平、秋葉堅次郎、関東取締出役、関東各地から召集された道案内、手先、岡っ引等々、二百余人に守られて江戸を発った。大仰にして異様な行列である。忠治の死出の旅姿は任侠の男伊達風につくられている。

道中囚人仕度《したく》幷《ならびに》人相書左ニ

一、丈高く色白く　一、鼻筋通り
一、口常躰《つねてい》　一、月代《さかやき》こく
一、太り候方《そうろうほう》　一、目方廿貫余有之《これあり》
但至而《ただしいたって》美男之方《ほう》

其時之衣類

一、浅黄《あさぎ》むく弐つ　一、白むく
一、同襦袢《じゅばん》壱ツ　一、同手《て》甲《こう》脚半《きゃはん》
一、同太キ丸くけ帯ヲ〆　一、唐更紗《からさらさ》蒲団弐ツ
一、紅《べに》之蒲団壱ツ　一、大き成《なる》珠数《じゅず》ヲ首ニ懸ケ〆
右仕度ニ而《て》とふ丸駕籠ニ乗本縄打ほだ打

高い身長、色白、鼻筋は通り、月代《さかやき》が濃いと来たら歌舞伎役者八代市川団十郎を思わせる至って美男のイイ男である。加えてさすが俠客、目方二〇貫余の貫禄、押し出しもいい。いでたちがまた良い。白を基調とした死装束、大きな数珠まで首からぶら下げ、唐更紗二枚に真紅の蒲団一枚重ね、鎮座まします。この行列は目を引く。唐丸籠の忠治は一際、華麗に映る。大名行列のものものしさに飽いていた人々は悪の見せしめの一行に溜飲を下げたのかもしれない。

御府内を出て第一の宿、板橋、そこには忠治と愛憎で結ばれる二人の女性が待ち受けていた。最後の暇乞いのためである。小休止する忠治の唐丸籠に二人は近付き、永別を告げる。観衆は一目これを見ようとすずなりとなり、一言一句聞き漏らすまいと耳を澄ます。一瞬の静寂が日頃は喧騒な板橋宿を襲う。

愛妾町はしつらえられた大舞台に立って大観衆の熱気に飲まれ、ついあがってしまったのか、声がくもり、ふるえ、セリフのキレを失った。

大舞台、大観衆を前にした本番になると、普段より実力を発揮する徳は堂々と透き通った張りある歯切れ良い音声で忠治を一喝する。

忠治様御暇乞《おいとまごい》ニ罷出《まかりで》ました、かならずじんじょうに御公儀様之御用ニ御《お》立被成様《たちなられるよう》ニ忠治様最期の御暇乞いに参りました。「必ず尋常に御公儀様の御用に御立ち成されるように御頼み申します。必ず尋常に御公儀様のお役に立つように」とは、公儀に歯向かった忠治が一転して反省に反省を重ね幕府に屈従することになったのでは決してない。東照神君のいわば堯舜《ぎょうしゅん》の治の仁政を津々浦々に及ぼしている筈の御公儀の正義の裁きによって忠治は罪を全面的に贖って公開処刑の見せしめになるのである。もし仁政が綻び悪政となるならば、忠治の磔刑はお上に楯突く悪党の任俠の男伊達のパフォーマンスに逆転することになるのである。徳と忠治はこのパラドックスに賭けたのではなかろうか。

忠治を吟味した関東取締出役中山誠一郎は小人目付高松彦七郎の探索によれば下総の廻村先で博徒松岸村半次の妾を銚子辺に囲い、これがため半次の盗みその他を見逃す悪吏である。

また忠治の伝記「劇盗忠二小伝」を後世にのこした代官羽倉外記《はぐらげき》は非常時の天保飢饉に民を救えない己と救済する忠治と冷静に比べ、仁政に無力な牧民官の己を恥じている。御公儀のお役に立って尋常に行刑を全うせよとの徳の励ましの告別の一言は痛烈な皮肉になって虚飾にみちたお上の建前を暴露することになる。

忠治「孝経」を講ず

生まれ変ってしまったようにひたすら堯舜の治のような東照神君の仁政を信頼しきって

しまった忠治は幼き日の悪童の頃、養寿寺の師匠貞然和尚からこっぴどく叱られ、鸚鵡返しに暗誦させられた「孝経」の文言が迸《ほとばし》り出てくるようになった。

磔刑の前々日、脇往還信州街道三倉《さんのくら》宿での出来事である。歌を忘れたカナリヤが突然思い出し次々と歌い出すかのように、忠治は自己抑制の緊張が解け、護送の任に当たっている刑吏を呼び寄せ、思わず「孝経」の一節を講じた。

　夫《そ》れ孝は徳の本《もと》なり、教《おしえ》の由《したが》ひて生《な》る所なり、復《かえ》り坐《ま》せ、吾《わ》れ汝《なんじ》に語《つ》げむ。身体髪《しんたいはつ》膚《ぷ》は之《これ》を父母に受く、敢《あ》えて毀傷《きしょう》せざるは、孝の始《はじめ》なり。身を立て道を行ひ、名を後世に揚げ、以て父母を顕《あらわ》すは、孝の終《おわり》なり。夫れ孝は親に事《つか》ふるに始まり、君《きみ》に事ふるに中《なか》し、身を立つるに終る

磔という最も惨酷な行刑の執行を待つ忠治ほどの親不孝はいない。その忠治が敢えて孝経を講じたのは何故か。ただ幼時の記憶が甦って諳《そら》んじた文言が口から出まかせに吐き出されたに過ぎないのか。

「孝」の対極にいる忠治は、磔刑というこれ以上はないという極刑を見せつけることによって「身を立て道を行ひ、名を後世に揚げ、以て父母を顕す」ことに賭けたのではなかろうか。

「孝経」は赤城南麓の村々では博奕、地芝居、飯売下女の三大悪弊に対抗するバイブルであった。なかでも伊勢崎藩は郷学を設けて領民教化に力を入れた。忠治の村国定はそのお膝元にあった。

磔刑で甦る忠治

嘉永三年一二月二一日忠治の磔刑は滞りなく執行された。

大戸の銘酒一碗を飲み干し、もう一杯と勧める刑吏を酔いで死をまぎらわしたと思われてはと笑って制止し、磔台にのぼった。

いざと刑吏は長槍をとって忠治の眼前に得物を一閃、交叉させた。いよいよというそのとき、忠治はちょっと待ってほしい今日のこの日のために尽力を賜ったお役人その他に御礼申し上げたいとこれを止《とど》めた。


私儀悪党仕《つかまつり》、国之みせしめのため、御せいばいに被仰付《おおせつけられ》、難有仕合奉存《ありがたきしあわせぞんじたてまつり》候《そうろう》、御牢内ニ而《て》身持大切仕居候て、斯御《このご》報《ほう》ニ被仰付候事、存念《ぞんねん》叶い、いか斗《ばか》り大慶仕候

（手前こと悪党しまして国のみせしめのため磔刑を仰せつけられ、有り難き仕合に存じます。江戸小伝馬入牢中は身持を大切に心がけ、お蔭様でこのように御法にもとづ

き裁きを受け、見せしめのためにベストコンディションで刑を受けるという存念叶って、これほどうれしいことはありません。)

検使役人二名、関東取締出役三名、手先五十余名、刑吏を統括する浅草弾左衛門支配四五〇名、警固の村々の人足二百五十余名、これに一五〇〇人余の観衆が刑場を取り囲んで磔刑台の忠治に一斉に視線を向けた。

忠治は左右の槍を受けること一四度にして瞑目した。

忠治の最期を目撃した人々は公私を問わずその見事な死に様に衝撃を受け、時間が経つに従いそれは感動に変っていった。

徳が演出し、忠治が演じた死出の旅、磔刑の儀礼は虚の歌舞伎を圧倒し、現実に凄惨な死を見せるという実の迫力で極悪人忠治の罪障を超えて任侠、男伊達忠治となって甦ることになった。

かくして嘉永二年、東下総の勢力富五郎から関東甲信東海道筋まで震撼させた石原村無宿幸次郎の騒動を何とか鎮定した幕府は、翌年懸案の上州の博徒国定忠治を大戸で磔に処し、幕府の勢威を取り戻したかに見えた。

しかし、勢力富五郎は鉄砲をもつ無宿の威力を、幸次郎は神出鬼没、電光石火、疾風怒濤の無宿の集団の恐ろしさを天下に告知した。忠治は磔刑死を見事に演じ、任侠の思想により腐敗したお上の仁政を射ったのである。嵐の前の静けさが訪れたに過ぎない。無宿、博徒を排除するだけでは済まされないアウトローの時代が間もなく黒船とともにやって来る。

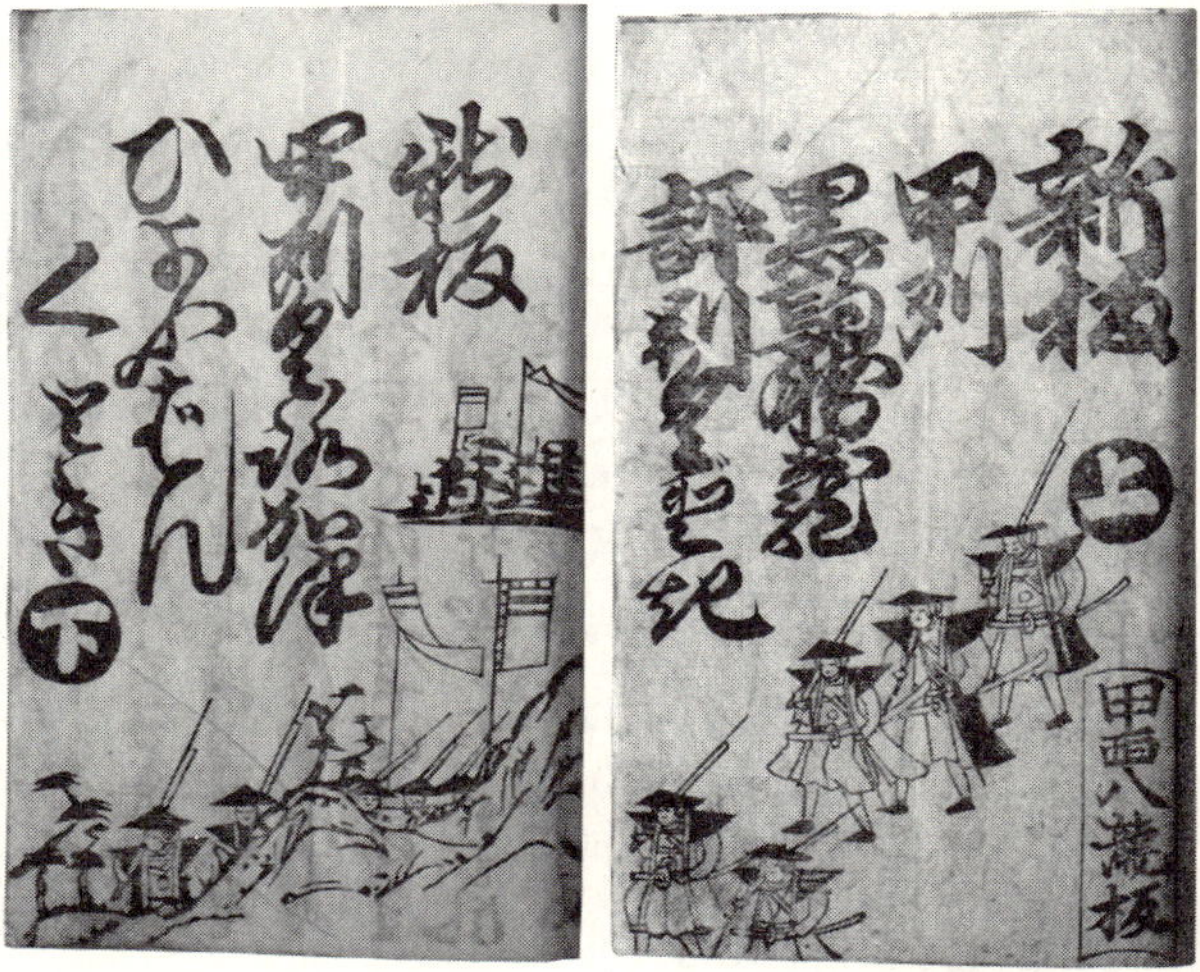

第四章

博徒の明治維新

——黒駒勝蔵と水野弥三郎

官軍先鋒の勝蔵の勇姿——「新板甲州黒駒勝蔵評判くどき」
（山梨県立図書館蔵）

1　竹居安五郎の復活と謀殺

中村甚兵衛家の嘉永水滸伝

ところで甲州竹居村の中村家の嘉永水滸伝はどのようであったろうか。

嘉永二年（一八四九）七月、当主の兄甚兵衛は博徒の巨魁の疑いありと支配田安家領知田中役所に逮捕、公事宿預けに処せられ、長百姓の家格も剝奪された。安五郎は博奕常習、賭場開帳等であげられ、頼みとする石和代官の転任があるかどうかの結果報に一喜一憂、兄の甚兵衛の尽力に一縷の望みを託していた。当主の兄は門を閉じ昼間出入りを禁止される逼塞《ひっそく》、弟は江戸小伝馬町牢内で吟味待ちである。甚兵衛の赦免にも、安五郎の救援にももの言うのは金である。中村家の嘉永水滸伝は金策の苦境から出発した。

中村文書から田畑売買借金証文を抜き出しまとめたのが次頁のグラフである。寛文一〇年（一六七〇）から安政六年（一八五九）の約一八〇年間の動態のなかで一番のピークをなすのがまさに嘉永水滸伝の時期である。

甚兵衛家にみる土地証文数

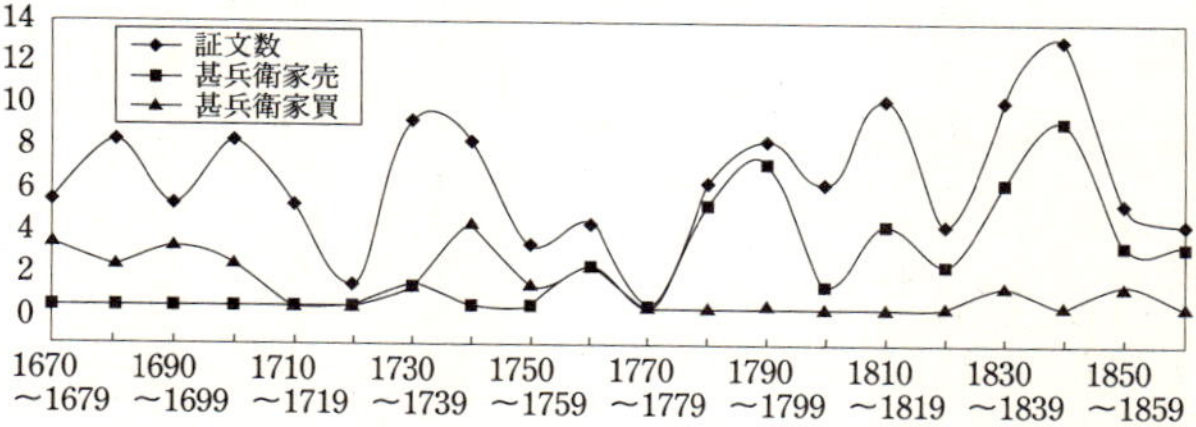

嘉永二年、突如借金証文は三通に急増し、借金全額は総額で四九両にのぼった。もちろん、借金するためには田畑を売るか質入れしなければならない。家産あっての借金である。この年、兄弟の危機がいかに切羽詰っていたかが伝わってくる。翌嘉永三年には九両、四年には一三両二分、五年には四両二分と借金はつづいている。嘉永年間だけで七六両の多額に達する。安五郎が新島流刑となった四年の一三両二分は蔓金をもたせようとする中村家の親心のあらわれであろう。現金を持たない流人の扱いは牛馬にひとしかったといわれる。

甚兵衛は田畑を売って金をつくったのであろうか。新島在島中の安五郎の暮らしを支えたのは実家の中村家であろう。島での安五郎の羽振りの良さはかの銭箱の金銭のお蔭である。

嘉永六年（一八五三）六月八日夜、安五郎は大罪となる島抜けを敢行、間宮久八等の手引きで郷里へ舞い戻った。

黒船騒ぎにより世は攘夷熱で沸騰、お上の勢威に翳りが見えたとはいえ、関東取締出役はそれなりに機能していた。天下の大罪の島破り、しかも名主を殺害、鉄砲を奪った安五郎は幕府の面子をかけて捕らえ、厳刑に処さなければならない。内実や裏面で何があろうが建前主義の支配層にあっては安五郎への追及の手は緩められることなど絶対あり得ない。実質上、大罪人を匿うことになる中村家では公的には、無宿となって除籍した安五郎とは無縁と装いながら内実のところでは陰に陽に安五郎に塩を贈り匿った。密偵が竹居村をはじめ周辺に潜り込み、隙あらば襲い、力ずくで召し捕ろうと密かにチャンスを窺う。関東取締出役、石和代官、甲府勤番等を向こうに廻し安五郎を保護する中村家の心中は薄氷を踏む思いであったろう。

中村家の絆

中村家の嘉永水滸伝の危機を救ったのは家族の強い絆であった。天保五年(一八三四)、安五郎(二三歳)の家族は母やす(五二歳)兄甚兵衛(三四歳)兄嫁てふ(三一歳)甥権太郎(一〇歳)妹まつ(一五歳)、とめ(一一歳)の七人であった。実はこの他に他家に出た兄二人、姉一人がいたのである。安五郎は四男で長兄甚兵衛との間に清次郎(のち三郎右衛門と改名)、伴七の二人の兄と姉せんが健在であった。

嘉永二年の危機に借金証文の証人(保証人)になったり、当主甚兵衛に代って当事者となった三郎右衛門は村内下ノ川の五味家の養子となった二兄清次郎のことである。またもう一人、甚兵衛の代行者となった平右衛門は姉せんが嫁した同族中村家の当主、即ち義兄に当たる。村内にいる兄姉は実家の存亡にかかわる窮地を各自が兄に代って金策に奔走し救ったのである。

三兄の伴七は南八代村の長百姓野沢家の養子となった。後述する甚兵衛、安五郎の死後嗣子をもり立て中村家を支えることになる。

もちろん、この家族愛の中枢にいたのは母のやすであった。

かくして家族に守られて博徒安五郎の復活は成った。帰国後の安五郎の活動を明らかにしてくれる文書史料は稀である。安政三年（一八五六）七月八日上黒駒村若宮の長百姓嘉兵衛の悴の勝蔵が甚兵衛・安五郎兄弟の子分となった。当時二五歳の若者が安五郎の亡きあと遺志を継いだ黒駒勝蔵である。おそらく甲州八代郡上黒駒村を縄張りに勢力を拡大していたであろう。

一方、安五郎を追う関東取締出役の動きは止んだわけではない。下総の勢力富五郎や武州の石原村幸次郎を四、五〇〇人の手先と直属の改革組合村々の何千という人足を動員して山狩りまでして捕らえようとしたことはここでは通用しない。甲州は甲府に勤番、市川、甲府、石和に三分代官はいるが改革組合は置かれていない。また城持ち大名も皆無である。父は郡中取締役、名主を勤めた顔役、兄は博徒の巨魁の汚名をきせられ、長百姓の家格を剝奪されたとはいえ、名望家としての権威は決して失われていない。親戚・縁者、果ては子分を含めた逃亡のネットワークが組織され、お上の側にも同調者がいることも予想される。

安五郎の逮捕は難しいと判断した関東取締出役は腕利きの道案内を甲州へ派遣してじっくりとその機会を待つこととした。

安五郎たばかられ絡め捕らわる

無宿の世界では島を破るという前人未到の偉業を成し遂げ、故郷へ錦を飾った安五郎の存在が甲州、強いて言えば関八州・東海地方の博徒・侠客の勢力地図を塗り変えていくことになった。

幕府の指名手配中の最重要人物を捕らえようとする勘定奉行・関東取締出役に協力するグループと安五郎との種々のつながりからこれに敢えて敵対も辞さないグループへの二極化の趨勢である。

竹居安五郎・黒駒勝蔵グループと何かと敵対する国分三蔵を主謀者とする甲府柳町卯吉、その子分修験の祐天仙之助、上州館林藩浪人犬上郡次郎等の一団が突然出現する。

国分三蔵は関東取締出役の手先と言われ、実は変名で武州高萩を根城とする万次郎という名うての二足草鞋の博徒であった。

三蔵は関東取締出役の密命を帯びて甲州入りし、国分村に定着して活発に活動する。更にこれに上州館林の二足草鞋の手先江戸屋虎五郎が加わったという。八州廻りの作戦は博徒の対立出入りの構図の中で機を見て捕らえようとするゲリラ的手法である。因みに清水次郎長は高萩万次郎とは切っても切れぬ盟友であり、国分三蔵とも気脈を通ずる間柄である。一方間宮久八、丹波屋伝兵衛は竹居安五郎・黒駒勝蔵と深い盟友関係にある。二大勢力の対立は維新に向って複雑に絡み合いながら争闘をくりかえす。

文久元年（一八六一）三蔵は動き出し勝蔵を挑発する。三月一二日勝蔵子分狐新居《きつねあらい》村無宿兼吉を斬殺し、脇差を奪って、これ見よがしに誇示した。

双方の対立は激化、緊張する。勝蔵は兼吉を殺した無宿源吉を五月二九日子分を使って殺害させる。翌日三蔵は勝蔵の子分二人を斬殺する。

血を血で洗う争闘に関東取締出役、石和代官等の出張となる。子分同士の喧嘩出入りの殺し合いであるが、明らかに三蔵は勝蔵に狙いを定め、大げさな出入を仕掛けて勝蔵を凶悪なる無宿博徒の巨魁に仕立て、お尋ね者にして甲州から追放しようと企んだのである。勝蔵は三蔵の思惑通り、止むを得ず国を売って駿河方面へ逃れざるを得なくなった。

前年安政七年（一八六〇）後盾の兄甚兵衛が急逝したうえに片腕とも頼む股肱の子分勝蔵をもぎ取られてしまった安五郎に関東取締出役の魔の手が伸びる。安五郎とていざ鎌倉となれば子分数十人が群集する博徒の巨魁である。正面から召捕ろうとしても警察力の全く無力な関東取締出役ではお上の権威を失うのみである。三蔵は一計を案じた。浪人犬上郡次郎を使った実に卑劣な奸計である。捕らえた郡次郎を放免を餌に引き込み、安五郎の懐に入れる。かつては敵対した郡次郎が安五郎に救いを求めて来る。「窮鳥懐に入れば猟師も殺さず」の諺言ではないが、男伊達安五郎は、祐天に騙されていたのですと前非を悔いる郡次郎の甘言についつい乗せられてしまった。

一説には安五郎の手習いの師匠檜《ひ》峯《みね》神社神主武藤外記《げき》（後述する私塾振鷺《しんろ》堂主で尊攘思想家）と広壮な屋敷内で碁盤を囲んでの帰途、安五郎は子分二、三人を連れ、郡次郎の誘いに乗って竹居方面への一本道を意気揚々と歩んでいく。突如桑畑に潜んでいた三蔵の一味が現われ瞬時の間に搦め捕らえられてしまった。

三蔵・祐天・郡次郎の隠密まがいの実に手の込んだ策略である。文久元年一一月頃といわれ、親分安五郎捕らわるの報を逃亡先の駿州で耳にした勝蔵は切歯扼腕、復讐を誓い、益々お上に対して敵対を深めていく。

安五郎牢死と中村家の窮地

幕府の権威をあざ笑うかのように甲州に君臨した安五郎は遂に御縄となった。嘉永六年六月八日夜の島破りから八年余、しかも奸計を弄したあげくの仁政にあるまじき卑劣さに満ちた捕り物の結果であった。

幕府の面子のかかった囚人であるだけに牢の警備は厳重を極めた。何時、子分が取り返しに蜂起し、襲って来るか。手薄な石和代官の牢では不安であった。

安五郎の最期は、翌文久二年（一八六二）二月一七日、牢死であったとも、また毒殺であったともいわれる。死亡時、場所が特定されない密殺であったためか、墓碑は中村家の墓地を含め三基つくられることになった。これも博徒の巨魁の最期を象徴して妙である。

奇跡ともいうべき島抜けをして帰った親不孝の息子をひたすら見守りつづけた母やすは安五郎の最期を見届け、半年後の八月二九日この世を去った。

中村家にとっては二年前の安政七年（一八六〇）三月一一日、当主の兄甚兵衛が急逝し、今また、実力ある現役の博徒安五郎と家政をとり仕切った母刀自を失った。まさに大きな痛手であった。これまで甚兵衛・安五郎兄弟の威力の前におとなしくしていた反中村家の動きが急に活発になる。

国分三蔵、祐天仙之助系の博徒が関東取締出役や三分代官の後盾を受けて甲州を制圧にかかって来るという流れがあった。

文久三年（一八六三）一一月一日夜、空家同然となった中村家に何者かが侵入し、博奕を催し、これを見咎められるや身につけた得者《えもの》（武器）をもって家宅を打毀すという騒動があった。これに対し奮然立ち上がったのは故安五郎の三兄南八代村の長百姓伴七である。伴七は石和代官所へ事件のあらましを申し立て、実況見分をするよう訴えた。いやがらせを策したのは下ノ川の久七であることが判明し、戸障子打毀し一件は一町田中《いっちょうたなか》村の郷宿の飯島沢右衛門が貰い請け、破損個所を修繕するという一札を取って落着する。

この伴七とは南八代村の長百姓野沢家に養子に出たやすの三男、甚兵衛・三郎右衛門の弟、安五郎の兄に当たる。堂々と「竹居村甚兵衛殿後見南八代村伴左衛門殿父伴七」と名乗っている。この甚兵衛は伴七の甥であり、一癖も二癖もある竹居村の面々を相手にするには若い甥では心許ない。何かあれば黙っていないぞという俠気のあらわれである。南八代村は村高一二五六石余、九一九石余田安家領と三三七石の甲府勤番支配知行所の二給である。野沢家は甲府勤番役知行所の名主を勤めるほどの名望家である。文久元年には息子の伴左衛門が小前惣代となって長百姓嘉四郎の不正を訴える村方騒動を引き起こしている。

伴七と兄姉は元治元年（一八六四）九月、伴七の二男を中村甚兵衛家の継嗣とした。

伴七の反発にもかかわらず中村家に対する一種のいやがらせはつづく。

明治二年（一八六九）名主惣右衛門等が主導して実施した金札の発行と村内流通に対し甚兵衛がこれに従わなかったことを理由に「朝暮何事とも突会《つきあい》組限り不致《いたさざる》抔《など》都而《すべて》相省《あいはぶき》」（朝から晩までツキ合いをすべてしない）、いわば八分にするという挙に出た。こうしたいやがらせに対しては二兄の三郎右衛門が甥甚兵衛の差添えを買って出て、二人して支配田中役所に名主長百姓百姓代ら一二名を名指して出訴した。

明治二年一二月、蕎麦塚《そばづか》村名主栄蔵、高家《こうか》村名主志茂治左衛門、郷宿飯島沢右衛門が扱人となって八分を一切やめるとの合意で落着した。ところが名主善左衛門・百姓代伊右衛門・和左衛門が責任を問われ入牢となったことへの恨みも加わってか、差添の三郎右衛門にまで八分が及び翌三年三月再び出訴している。

後楯の義父は亡く、叔父、祖母をつづけて失った中村家では伴七の二男（甚兵衛・安五郎の甥）を後継者にしてもりたてて訴訟を辞せず敢然といやがらせに立ち向っている。まさに伯父甚兵衛が天保九年逆訴、駕籠訴までして江戸訴訟を闘ったことを思い起こさせる。

攻撃こそ最大の防禦であることを骨身に徹した中村家では、前の訴えと軌を一にして八分にした名主ら村役人を、困窮人御救いのため差し出した金穀を私欲に取り込んだと更に訴え、ダブルパンチを浴びせている。

村役人を主唱者とする執拗ないやがらせに屈することなく支配役所に堂々訴願して黒白をはっきりさせようとするのが一貫した中村家の姿勢である。

時はまさに御維新、幕末の激動に呑み込まれそうなピンチを家族の絆で助け合いながら乗り切っていく。

2　草莽の博徒黒駒勝蔵

安五郎から勝蔵へ

安五郎の死は博徒の幕末維新のひとつの区切りであった。安五郎の五〇年の生涯は甲州博徒の典型といえよう。村の名望家に生まれ、公私・内外のリーダーとして成長するなかで村の自衛と暴力の自己矛盾に陥った。両者は二律背反にして表裏一体をなし激動する村落社会にとって暴力は必要悪的存在となった。安五郎は幕末社会を自らが正義とする侠気で生き、そのために死した。安五郎は黒船の衝撃をまともに受けて、新しい時代の風そのままに既成の秩序に反抗し倒れた。

安五郎亡きあと遺志を継いだ黒駒勝蔵になるとまさに明治維新の博徒となる。

黒駒勝蔵に対しては大変な誤解があった。歴史の捏造があったと言っても過言ではない。勝蔵のイメージは男伊達清水次郎長の敵役である。中には卑怯者と描かれているものも少なくない。果たして事実なのか。断言できるのは、次郎長と勝蔵の人物像を捏造したのは天田《あまた》愚《ぐ》庵《あん》の傑作、次郎長一代記『東海遊侠伝』を無責任に喰い潰して来た人々のなせる業であって決して天田愚庵の文責ではない。愚庵は例言のなかで、次郎長の語った一代記であり、次郎長サイドから見た「東海遊侠伝」であると口を酸っぱく断わっており、十二分に史料批判を行うことを求めているのである。安易に引用しては勝手なイメージを増幅させておきながら実証性を問われると愚庵のせいにする関係者の一二〇年にわたる犯罪にもひとしき欺瞞である。

黒駒勝蔵は天保三年（一八三二）甲州八代郡上黒駒村下組若宮の名主小池嘉兵衛の次男に生まれた。因みに次郎長とはひとまわり一二歳若い。竹居安五郎より二〇歳も年下である。

黒駒勝蔵肖像（称願寺蔵）

明治維新をつくった天保生まれの青年の世代に属する。勝蔵は竹居村の中村家でみたように二〇年後の安五郎の途を歩んだと考えてよい。上黒駒村若宮と竹居村を隔てる距離は直線で僅か四キロ、上黒駒村は鎌倉街道の宿機能をもち竹居村も若彦路沿いの人馬の交通頻繁なる村である。

勝蔵も安五郎も長百姓の二男と四男である。名主役も勤めるし支配代官との中間にあって郡中の役に就くこともある名望家である。

勝蔵は安政三年（一八五六）数え二五歳のとき竹居村中村甚兵衛（五六歳）安五郎（四五歳）兄弟の子分となった。何かと村政をリードする両家は近い環境にある。村落名望家にして博徒の巨魁となった甚兵衛と島破りの勲章を持つ安五郎は生きのいい青年博徒の憧れであったのかもしれない。

ただ、安五郎と勝蔵を峻別するものは維新の風である。勝蔵は黒船来航を幕末村落社会の芥に染まらぬ前の二二歳の青年時に体験した。

檜峯神社と神主武藤氏

上黒駒村（現笛吹市御坂町）は村高一一二〇石余、田高六七五石余、畑高五四五石余、上組六五六石余、下組五六四石余で構成され、文化年間（一八〇四〜一八）家数二〇七、人口八三二人、馬三〇疋を有する大村である。

勝蔵の生家は下組に属し、父嘉兵衛は名主を勤めた。上黒駒村の幕末維新を際立たせたのは村内神座山川上流の山中に鎮座する少彦名命など六神を祀る檜峯神社である。天平年間に官幣、平将門の乱の際にも奉幣が行われ、戦国時代には武田氏の手厚い庇護があった

檜峯神社本殿。神座山中にある

この地域有数の郷社であった。

武田氏滅亡後徳川家康の入国を契機に檜峯神社は更に神威を拡大、不動のものとする。神主武藤家の武勲のお蔭である。本能寺で信長が殺された大混乱のなか小田原北条氏と甲斐をめぐる争奪戦に徳川家康家臣鳥居元忠の軍勢に加わって先陣を勤め、大勝利に導いたといわれる。この功により天正一一年(一五八三)四月一九日には家康から神座山領として一八貫六九五文が安堵された。社領は井上、夏目原、下原《しものはら》、竹居、国衙《こくが》、黒駒、観音寺、小窪、八代、神郷に分布する。黒駒、竹居とともに檜峯神社とも深いつながりを共有していたことにもなる。当然檜峯神社を守る神主武藤家に下黒駒村地内において二六石九斗三升の御朱印地が与えられた。武藤家は村内戸倉の八反田に屋敷を構え村政にも睨みをきかせた。この武藤家を語ることなくして甲州の幕末維新の激動の歴史は明らかにされない。いわんや黒駒勝蔵をおいてをやである。東照神君のお墨付きを世襲する檜峯神社と神主武藤家には甲府勤番、三分代官も一目置く。

檜峯神社神主武藤外記はペリーの黒船の前年嘉永五年(一八五二)私塾「振鷺堂《しんろ》」(潔白の賢者を養成する)を開いた。神官として国学の研鑽から尊王攘夷思想に近付きつつあった武藤外記と子息藤太の志の中には単なる寺子屋式の教育を越えて志士養成の意図が隠されていた。勝蔵は、武藤外記・藤太父子の薫陶を受けて成長した。入塾したかは、確証はないが陰に陽に教えを乞ういわば師弟関係にあったと見做してよかろう。次郎長との博徒喧嘩史が誇張され、悪業の騒動ばかりが目立つ勝蔵の動きを注意深く考察すると、安五郎や、まして次郎長になかった維新の志士の義挙にふさわしい行動が見出される。

元治元年甲府城奪取計画と勝蔵

元治元年(一八六四)の勝蔵と言えば次郎長との闘いに東奔西走、悪名を天下に轟かした。

関東取締出役の道案内国分三蔵(実は高萩万次郎)の奸計で甲州を追われたものの、舞い戻っては安五郎の仇の国分三蔵、祐天仙之助、犬上郡次郎をつけ狙う。正月には嵐河原で三蔵と対決、これを破り、三月には三蔵・祐天の隠れ家を襲うが果たせず、一〇月一七日犬上郡次郎を殺害する。この間、清水次郎長が三蔵に味方して勝蔵と華々しく出入りを繰り返した。六月六日には三州平井の博徒雲風亀吉宅に滞在する勝蔵を次郎長が襲い、凄惨な殺し合いとなって勝蔵は大岩、次郎吉という股肱の子分を失う。以上が勝蔵の博徒喧嘩史の元治元年である。無頼無法者の勝蔵がお上に楯突いて暴虐の限りを尽くす。これに正義の博徒次郎長が対決するという構図である。このような黒駒勝蔵像が見落としていた重大な事実がある。

元治元年四月、勝蔵はとてつもない企ての渦中にいた。甲府長禅寺前代官から評定所留役組頭に転出したばかりの加藤餘十郎《よじゅうろう》がかつての配下の手付に探らせた甲州博徒に関する探索書が旧幕公文書を収蔵する国立公文書館に眠っていた。

一、甲州博徒党ヲ結ヒ蜂起仕候一条探索書、同所御役人ヨリ被指出《さしだされ》候、右探索書左に記ス、

一、去月廿五日、致探索《たんさくいたし》申上候様被仰聞《おおせきかされ》被成御渡候書面之趣、甲府詰私元手附共エ申達内密為相糾候処、別紙之通申越候間、則右書付其儘相添御渡之書面返上、此段申上候、以上

四月　　　　　　　　　　　　　　　　　　　　　加藤餘十郎

別紙

今般甲州御代官増田安兵衛様御支配所八代郡上黒駒村下組字若宮ト申所ニ於テ博徒共党ヲ結、且《かつ》浪士モ差加リ、頻《しきり》ニ甲冑其外兵器ヲ用意致シ、其的専《そのまともっぱ》ラ甲府城ヲ以心懸《こころがけ》候様子相見得、其上去暮御代官ニ内々御目見《おめみえ》ヲ遂《と》ケ、夫ヨリ益致跋扈《ばっこいたし》、在家ヲ為動揺《どうようさせ》、庶民為之《これがため》片時モ安堵之思ヒ無御座《ござなく》、万一甲城《こうじょう》異変御座候時者《は》、四方皆天然之嶮、勿論兵粮《ひょうろう》金銭等モ近年者《は》国中沢山御座候事故《ことゆえ》、可恐《おそるべき》之事件ニ付、不失機会《きかいをうしなわず》即刻御退治ニ相成候得者《そうらえば》、根底未《いまだ》深《ふかからず》速《すみやか》ニ御成功相立可申《もうすべく》候間、為御国家《おんこっかのため》此段御賢察奉仰《あおぎたてまつり》候、則《すなわち》悪徒共棟梁之名前等左之通ニ御座候

長百姓加(嘉)兵衛倅
勝次(蔵)郎

一、此者当時御尋《おたずね》中在宿ニ而《て》八十余人之巨魁、甲州八代郡上黒駒村下組字若宮ニ而党ヲ結候由

幼名玉五郎当時

一、同郡塩田村百姓御尋中有宿　茂左衛門

一、同　八代村百姓　無宿　総(綱)五郎

同

金　平

一、此者豆州加茂郡下田在本郷村出生大悪党

右之外子分烏合《うごう》之者人数不詳三四百人モ御座候由、此外浪士相交候様子、右

之者共伴候処左之両所ニ御座候

上黒駒村百姓

又次郎

同戸倉村同

五兵衛

右之通御座候　以上

元治元年は大変な年であった。尊皇攘夷のテロ、ゲリラ戦が頻発し、ついに三月二七日水戸藩の内紛から水戸天狗党が筑波山に挙兵するに至った。関東は攪乱状態になり、鎮圧に幕府は苦慮する。江戸の関門甲州が心配になって急遽前の甲府代官加藤餘十郎に甲州の動向を探らせたのである。

石和代官増田安兵衛支配所の上黒駒村下組字若宮という所に博徒共が党を結び、これに浪士も加わって頻繁に甲冑その他の兵器を調達し、攻撃目標を甲府城に絞っている様子が

見える、というのである。上黒駒村下組の若宮、博徒となれば黒駒勝蔵を置いていない。博徒のみならず、浪士まで加わっているという情報が重要である。しかも去暮（文久三年）に代官に内々御目見を遂げて話を通し半ば公然と軍事組織まがいをつくろうと「跋扈」しているのである。兵粮の余裕に甲斐国は事欠かない。これは危険である。甲府城が博徒・浪士の悪党に占拠されたら幕藩国家の一大事となる。「即刻退治」するようという緊急の密書である。そして「悪徒共棟梁之名前」が列挙される。

筆頭の「長百姓加《（嘉）》兵衛悴　勝次郎《（蔵）》」は上黒駒村下組若宮長百姓嘉兵衛の悴の勝蔵である。無宿の分際で上黒駒村若宮に在宿して八〇人余を率いる巨魁、首領となっている。水滸伝梁山泊の宋江ということになる。塩田村百姓茂左衛門は塩田村玉五郎、八代村百姓総五郎は北八代村綱五郎、ともに勝蔵の一の子分である。最後の「豆州加茂郡下田在本郷村出生大悪党」金平は勝蔵の子分ではない。勝蔵の盟友間宮久八の子分である。四年前の万延元年（一八六〇）次郎長が保下田《ほげた》久六（八《や》尾嶽《おがたけ》宗七《そうしち》）を殺害したことから端を発し、伊勢古市の丹波屋伝兵衛、伊豆間宮（大場）久八と敵対関係となった。もちろん竹居安五郎召捕をめぐる決定的対立が背景にある。赤鬼の異名をとった本郷金平は沼津湊から駿河湾を渡海して清水美濃輪（現静岡市清水区美濃輪町）の次郎長に夜襲をかけた名うての武闘派の博徒である。おそらく大場久八とのつながりで金平はこれに加わったのであろう。

注目すべきは「子分烏合之者人数不詳三四百人モ御座候由、此外浪士相交候様子」の浪

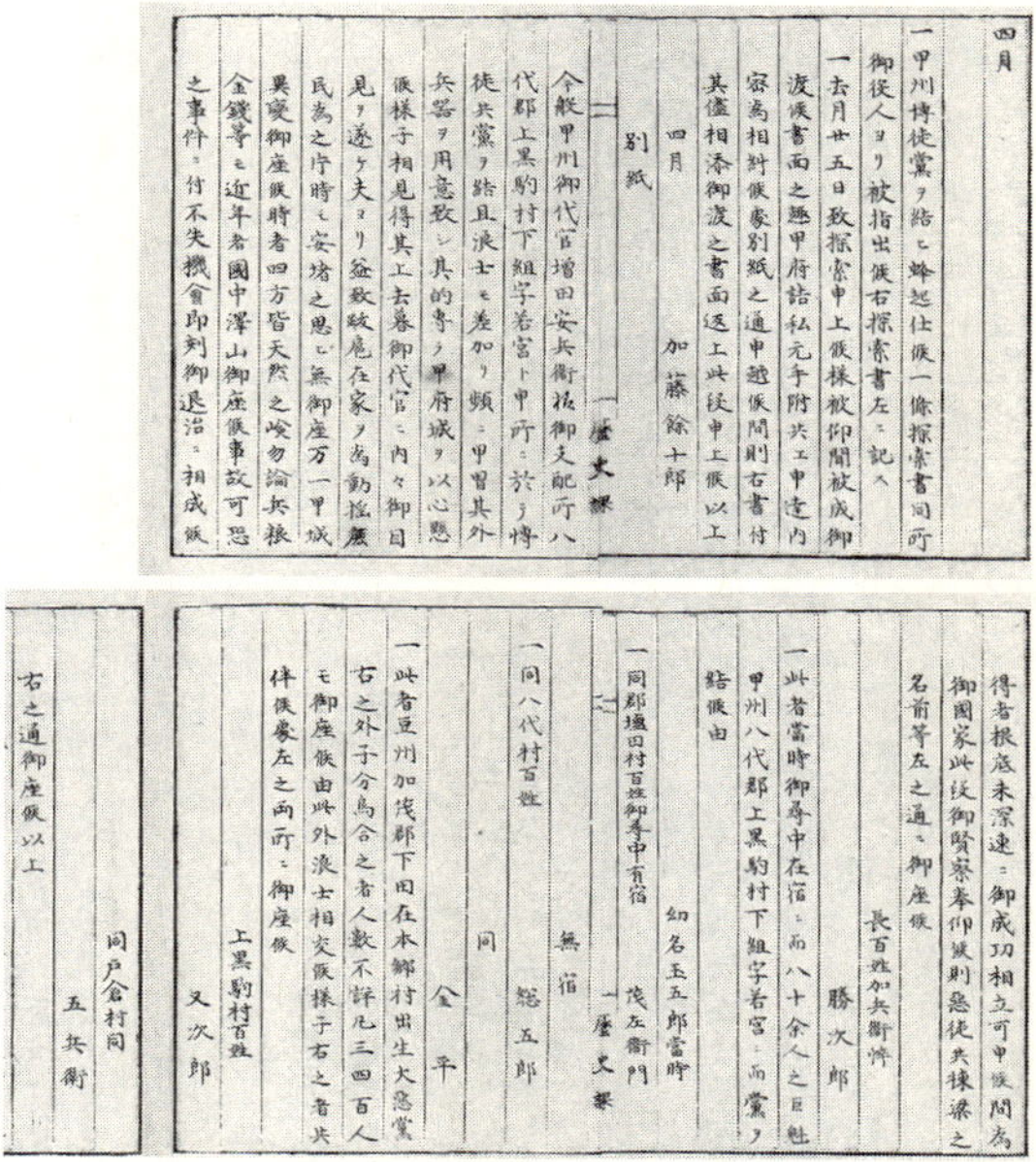

四月

一甲州博徒黨ヲ結ヒ蜂起仕候一條探索書同所
御従人ヨリ被指出候右探索書左ニ記ス
一去月廿五日致探索申上候様被仰聞被成御
渡候書面之趣甲府詰私元手附共ヱ申達内
密為相糺候處別紙之通申越候間則右書付
其儘相添御渡之書面返上此段申上候以上
四月　加藤餘十郎
別紙

一　歴史課
二

今般甲州御代官増田安兵衛様御支配所八
代郡上黒駒村下組字若宮ト申所ニ於テ博
徒共黨ヲ結且浪士ヲモ差加リ頻ニ甲冑其外
兵器ヲ用意致シ其的専ラ甲府城ヲ以心懸
候様子相見得其上去暮御代官ニ内々御目
見ヲ遂ケ夫ヨリ益数紋庵在家ノ為動揺虜
民為之佇時モ安堵之思ヒ無御座万一甲城
異變御座候時者四方皆天然之峻勿論兵粮
金銭等モ近年者國中澤山御座候事故可恐
之事件ニ付不失機會即刻御退治ニ相成候
得者根底未深速ニ御成功相立可申候間為
御國家此段御賢察奉仰候則悪徒共棟梁之
名前等左之通ニ御座候
長百姓加兵衛倅　勝次郎
一此者當時御尋中在宿ニ而八十余人之巨魁
甲州八代郡上黒駒村下組字若宮ニ而黨ヲ
結候由
幼名玉五郎當時
一同郡塩田村百姓御尋中有宿　茂左衛門

一　歴史課
二

一同八代村百姓　無宿　総五郎
同　全平
一此者豆州加茂郡下田在本郷村出生大悪黨
右之外子分烏合之者人数不詳凡三四百人
モ御座候由此外浪士相交候様子右之者共
件候處左之両所ニ御座候
上黒駒村百姓　又次郎
同戸倉村同　五兵衛
右之通御座候以上

甲州博徒黒駒勝蔵ら探索書〔写〕（国立公文書館蔵）

士との交流である。烏合の子分、三、四〇〇人とはいえ、浪士が入り交じっている。浪士がリーダーシップをとればどうなるか。まさに幕府が最も恐れる倒幕の叛乱である。

この年（一八六四年）すでに水戸藩尊攘派の藤田小四郎等が筑波山に挙兵、六月五日には京都三条の旅館池田屋を新選組が襲い、七月一八日には蛤御門で長州藩兵と幕軍が交戦、長州征伐の端緒となった。八月五日は英・米・仏・蘭の四国連合艦隊が下関海峡に入り、長州藩の砲台を攻撃、破壊した。内に外に風雲急を呼ぶ元治元年であるが、甲州では下黒駒村若宮を本拠地に博徒・浪士が集結して甲府城を攻撃しようという企みがあったのである。地名、人名の間違いが目につく。しかし逆に真実味が感ぜられる。鎌倉街道に入って直に実見し関係者に探りを入れてまとめた探索書の信憑性は後世語られた『東海遊侠伝』に比しても遥かに高い。

奇妙なのは、前年の文久三年の暮に石和代官に内々会って了承を得ているという情報である。甲州の札付の博徒の黒駒勝蔵と石和代官増田安兵衛が内々とはいえ会うことはまず考えられない。甲府代官手付は大変な違和感を持ったのであろう。勝蔵は文久元年（一八六一）勘定奉行、関東取締出役の手先国分三蔵と熾烈な争闘を展開し、お上から追われて駿河から東海道筋に逃げ隠れている。石和代官は取締りの張本人である。では誤報かというとそれだけではない。勝蔵の背後に代官と通ずる人物が隠れていたと考えられるのである。上黒駒村の檜峯神社の神主武藤外記、藤太の父子である。東照神君お墨付の神社の神主となれば石和代官とて無視は出来ない。勝蔵は武藤父子の命を受けて活発に動いていたのではないか。尊攘思想の実践にかける武藤父子に感化された門人勝蔵が子分、兄弟分を糾合したのであろう。兵器類は武藤家の財力にものを言わせて狩り集めたのであろうか。ここで真実味をもってくるのが勝蔵のパトロンであったといわれる上黒駒村戸倉の豪農堀内喜平次の存在である。

いまひとつの疑問は浪士である。浪士とは天保水滸伝の平手造酒のような喰い詰めて博徒の用心棒となった浪人のイメージではない。夷狄に神国を奪われんことを恐れ天下国家の行末を憂えて敢て脱藩し、国事に献身する志士である。勝蔵ら博徒が浪士と交り、浪士の伴をしているというのである。浪士・博徒の連合であり、浪士がリーダーとなれば前年の文久三年の天誅組の乱、生野の変に連なる。激動・流動する幕末社会にあって勝蔵は檜峯神社の武藤父子の尖兵として尊攘運動に深くかかわっていたことは確かである。

土州浪士那須信吾

勝蔵と浪士を結ぶ伝承が上黒駒村の村人に語り継がれていた。その浪士とは文久二年(一八六二)四月八日土佐藩参政吉田東洋を暗殺した土佐勤王党那須信吾である。脱藩逃亡した那須信吾が二か月後上黒駒村に姿を現わし、勝蔵のところに隠れ、九月には京都に向け発ったというのである。もちろん那須信吾とは名乗らず、「石原幾之進」と言った。

石原幾之進の変名は那須の養祖父の通称を踏襲したといわれる。尊王・佐幕のテロリズムが横行した幕末維新は脱藩浪士を匿い、逃すネットワークが網の目の如く全国に張りめぐらされていた。那須を実際匿ったのは檜峯神社の神主武藤父子であろう。武藤父子は広汎な尊攘派の運動に参加し、ネットワークの一翼を担っていたのであろう。石原幾之進なる浪士が那須信吾であるか否かは疑問がのこるとしても、このような浪士が全国を徘徊し、地方の草莽志士たらんとする村落の名望家たちが彼らを暖かく迎え庇護したことは事実である。

那須信吾は文久三年、吉村寅太郎らとともに天誅組を結成、中山忠光卿を擁して大和五条の代官所を襲撃、十津川に転戦するものの九月二四日討死した。尊攘激派にふさわしい最期であった。

志半ばで逝った那須信吾の伝承は、勝蔵の周辺に脱藩浪士や草莽志士がいたことを証明している。次郎長との凄惨な喧嘩出入り一色の勝蔵とは異質な草莽の博徒のイメージである。

慶応三年甲府城攻略と武藤藤太

慶応三年（一八六七）政局は倒幕に傾き、薩長は江戸を擾乱させ幕府の出兵を誘い、倒幕を実力で実現し、王政復古に至ろうとする策に腐心していた。そこで持ち上ったのが薩摩の参謀西郷隆盛、大久保利通に相楽総三が加わって成った江戸藩邸を根拠地に江戸府内攪乱、野州挙兵、甲府城攻略、相州襲撃の四か所のゲリラ作戦である。

甲府城攻略は一二月一五日、野州隊に半月遅れて上田修理を隊長に甲府勤番士も加わっておよそ一〇人で薩邸を出発した。ところが途中の八王子宿で会津の間諜原宗四郎の裏切りにあって八王子千人同心に寝込みを襲われ、半数もの犠牲者を出し、辛うじて脱出した隊長上田修理ら数人が藩邸に逃げ帰った。甲府城攻略は大失敗に終った。しかし、注目すべきはこの計画に深くかかわっていたのが檜峯神社神主武藤藤太であったという事実である。武藤藤太が同志と謀って、上田修理の一隊を甲府城内に引き入れ兵を挙げようというプランであった。藤太は相楽総三ら尊攘倒幕派と緊密に連絡を取り合っていた。藤太は檜峯神社の神主という立場を利用して神主仲間を糾合、同志を組織し、藩邸の倒幕の挙兵に呼応しようとしていたのである。藤太の近くに用兵動員力抜群の黒駒勝蔵がいることは十二分に推測しうる。

このとき甲府城は小田原藩大久保加賀守忠礼が城代を命ぜられ四か月、加賀守は大坂におり、手薄であった。そこを狙ったとも考えられる。

勝蔵は表にはなかなか出て来ない。むしろ藤太の背後に居て諸国の形勢、動向の情報を集めながら、いざ鎌倉となれば子分を召集して事に当たる。博徒のネットワークは強固でそれなりに信頼度は高い。勝蔵の東奔西走の活動は情報を収集しつつ、尊攘浪士間のつなぎ役を行っていたのかもしれない。

表9 指名手配された黒駒勝蔵一家

名前	身元
勝蔵	黒駒村無宿
綱五郎	塩田村無宿
源左衛門	正徳寺村無宿
森太郎	万力村無宿
照太郎	万力村無宿
鉄蔵	身延村無宿
三蔵	国府村無宿
吉五郎	東花輪村無宿
伊三郎	小笠原村無宿
与十	筑山村無宿
久左衛門	上今井村
新助	永井村
坊主鉄	駿州岩淵

慶応二年勘定奉行の勝蔵指名手配

幕府が勝蔵をマークし、追及していたことは慶応二年（一八六六）四月一八日勘定奉行小出志摩守、井上信濃守が連名で黒駒村無宿勝蔵、一ノ子分綱五郎他一一名を指名手配して甲州一円はもとより周辺江戸、東海道筋の村々にわたって厳重に対処、総力を挙げて召捕るよう命じたことに明らかである（表9）。戸主一人一人から請印を取る律義さである。

幕末の動乱のなか、博徒同士の喧嘩出入りの殺傷事件は敢えて取り上げない幕府が、黒駒勝蔵の一党をかくまでも徹底追捕するのは何故か。因みに保下田久六を尾州亀崎辺で、都田吉兵衛を駿州追分で公然と殺戮しながらも何の咎めもない次郎長とは正反対である。勝蔵が悪者で次郎長が善人だからなどと考える人はよもやあるまいが、この差異はどこから来るかと言えば幕府上層部が勝蔵の陰に尊攘倒幕派の浪士を見たからであろう。

元治元年の上黒駒村を本拠地にした甲府城奪取の動きといい、慶応三年の薩藩と相楽総三らの甲府城攻略計画といい、将軍のお膝元江戸の関門の甲府城を押えることは倒幕派の

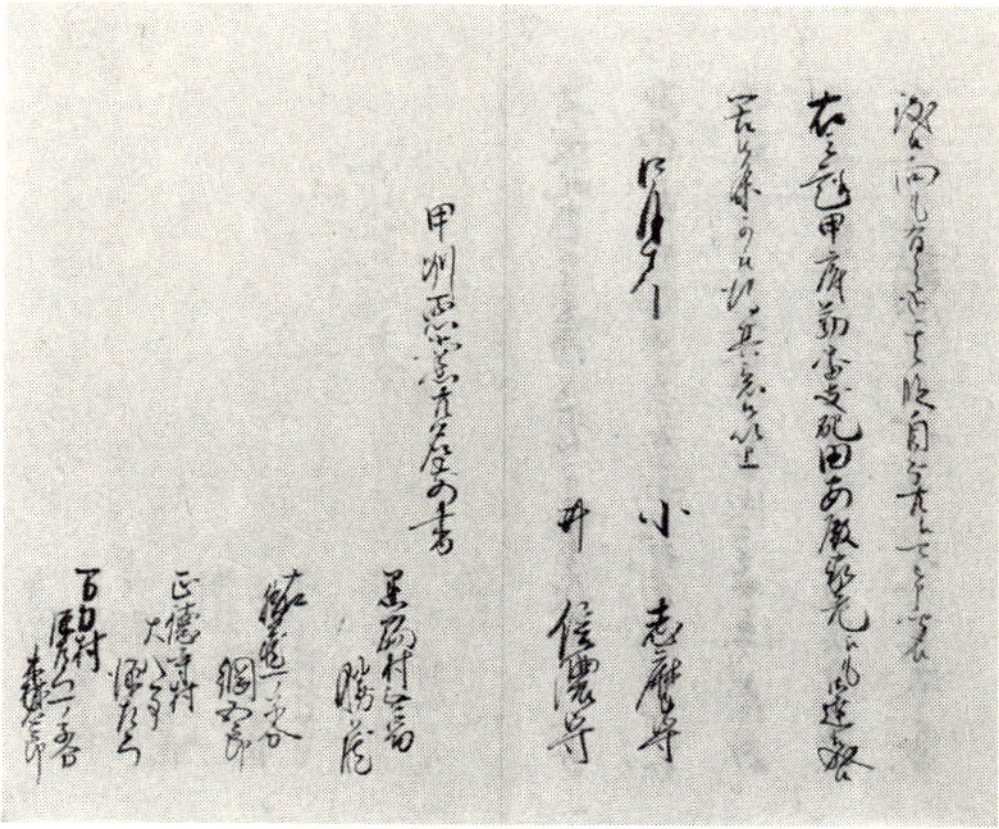

勘定奉行による黒駒勝蔵一味の手配書（静岡市所蔵）

軍事作戦にとって不可欠な部面であった。それは同時に、幕府にとっては甲府城は絶対敵方に渡してはならない生命線であった。勝蔵は甲府城乗っ取りを策する倒幕派の有力尖兵と映っていたのであろう。多くの子分を擁し、甲州一円に通じ、神出鬼没、電光石火の行動力をもっている、勝蔵一味を逮捕せよとの命令は幕府上層部から出たものである。この意味で勘定奉行配下の関東取締出役が切れ者の手先を武州から国分三蔵（高萩万次郎）、上州から江戸屋虎五郎、信州から岡田滝蔵と次々と送り込んで勝蔵をお縄にしようとしたことの謎がようやく氷解した。そして次郎長はその延長線上にあったのである。

3　草莽諸隊の黒駒勝蔵

赤報隊の黒駒勝蔵

慶応四年（一八六八）正月二二日黒駒勝蔵は美濃国中山道加納宿に突如現われる。官軍赤報隊の凜々しい隊長のスタイルで颯爽と美濃路を東上して来た。加納宿宿役人熊田助右衛門の「御用日記」が目撃した黒駒勝蔵を紹介しよう。

一、東本陣宮田五左衛門本陣へハ先鋒として隊長相良《（楽）》総三ト申《もうす》者入込逗留仕居申候《（ママ）》
一、西本陣森孫作えハ先鋒隊長として黒駒勝蔵ト申者入込逗留仕居申候、此者全クハ
一、岐阜弥三郎と申手下之者ニ有之《これあり》候ゆへ、依之《これより》何共歎ヶ敷《なげかわしく》、夫《それ》ニ付毎日〳〵ニハトリまたハぶた抔《など》トツリ込候而《て》井戸ばたニ而料理其外口上ニ而ハ難申上《もうしあげがたく》候次第、尤凡綾小路様之右あくたれ人数弐百七拾人余かのへ入込居申候（後略）

東本陣には隊長相良《(楽)》総三、西本陣は隊長黒駒勝蔵が逗留している。黒駒勝蔵は「岐阜弥三郎」の手下であるので、そこに二七〇人余のあくたれ共が入り込んで毎日鶏や豚をつぶして井戸端で料理するなど口で言いあらわせない歎かわしい惨状となっている。「岐阜弥三郎」とは岐阜矢島町に本拠を置く博徒水野弥三郎のことで通称弥太郎ともいった。美濃から尾張一帯に勢力を張る博徒の巨魁である。弥三郎はかつて新選組の御用達を務め、特に伊東甲子太郎を首領とする高台寺党に近かった。勝蔵は弥三郎の子分ではなく兄弟分の関係である。いずれにせよ、赤報隊という官軍先鋒に二人の博徒が深くかかわっていたのである。

赤報隊とは慶応三年一二月薩邸焼打ち事件を成功させ脱出帰京した浪士を再結集、これに倒幕挙兵の同志を募り、京都を脱走した綾小路《あやのこうじ》俊実《としざね》、滋野《しげの》井《い》公寿《きんひさ》の二卿を奉じて東征軍の先鋒として急遽編成された寄せ集めのいわば草莽の部隊である。一番隊は薩邸焼打ちに血路を開いて入京した相楽総三を隊長とする浪士で組織された。二番隊は尊攘思想から近藤勇の新選組と対立、脱退、暗殺された伊東甲子太郎のグループに属した旧隊士で構成され、伊東の弟鈴木三樹三郎が隊長を務める。三番隊は江州水口藩士油《ゆ》川《かわ》錬三郎（隊長）が率いる水口藩士と江州出身者二十数人で固められた。赤報隊は激動・流動する政局を前に西郷隆盛、岩倉具視らの戦略の一作戦としてあわただしく急造された（正規軍ではない）。

慶応四年正月一〇日に江州松尾山で正式に「赤報隊」として結隊し、一五日松尾山を発し近江の高宮、番場、美濃に入って柏原、関ヶ原、岩手と泊りを重ね、正月二一日加納宿に到着した。

慶応二年勘定奉行から直々指名手配されていた黒駒勝蔵が二年も経たないうちに官軍先鋒の赤報隊に参加していたのである。赤報隊に入隊したことは勝蔵刑死時の「口供書」に「辰年正月中能《よき》手引ヲ得、赤胞《(報)》隊へ御抱入相成、其以来池田勝馬ト名乗」（慶応四年正月によい手引きがあって赤報隊へ抱入れとなってそれ以来池田勝馬を名乗）ったとあることから既に周知の事実であった。

勝蔵の赤報隊入隊を手引きしたのは誰か

赤報隊と黒駒勝蔵の関係は博徒喧嘩史のイメージが優先するなかでは無頼・無法の勝蔵が偶々尊攘派浪士の誘いに乗った程度にしか理解されてこなかった。

この勝蔵と赤報隊の謎に挑戦したのが長谷川昇氏（名古屋事件を研究して『博徒と自由民権』を著した）であった（「黒駒勝蔵の『赤報隊』参加について」）。

長谷川は勝蔵が誰の手引で赤報隊に加わることになったのかについて二説をあげている。

〈その一〉勿論、水野弥三郎との関連においてである。既に記した様に、鈴木三樹三郎ら（旧新選組）高台寺党の一派は、この『赤報隊』進軍の過程で、水野弥太郎一党

〈更にはこの系列に属する博徒集団〉の大挙動員を考えていた。そのための〈工作要員〉として黒駒勝蔵を弥太郎・吉仲直吉と合意の上で『赤報隊』に加えた。

〈その二〉甲州八代郡黒駒（勝蔵の出生地）の神官武藤藤太と相楽総三との繋りによるものとも考えられる。慶応三年の十月西郷吉之助の密命を帯びて江戸に下り、薩邸を策源地とした相楽総三らは、浪士隊による関東一円の撹乱工作を計画した。（中略）実際十一月二十九日には野州出流山で浪士の組織した農民二～三百人の挙兵が行われ、甲州・相州では事前に計画が漏れて挙兵は失敗した。この甲州挙兵計画は黒駒の神主武藤藤太の手引きでこの地方の神主を決起させ、甲府城を攻略する手筈であった。（中略）私はむしろ関東撹乱計画における相楽総三と武藤藤太との繋りに注目する。相楽はこの段階で武藤の周辺からの情報で勝蔵の存在をマークしていたと考えてもおかしくはない。

長谷川は当然の如く〈その一〉の可能性を重く見るが、むしろ二説を複合した方が最もわかりやすい。勝蔵と弥三郎の関係が加納宿の赤報隊で証明されている以上、赤報隊入隊には弥三郎―元新選組鈴木三樹三郎の線は有力である。一方、一貫して関東撹乱計画の甲府城攻略にかかわった勝蔵と相楽総三の線も捨て難い。元治元年本拠上黒駒村を舞台にした策略から慶応三年の甲州城攻略計画までいずれも失敗はしたが勝蔵が関与したであろうことは十分推測し得る。それ故に幕府にマークされ慶応二年四月、勘定奉行直々の指名手配となったのである。勝蔵は檜峯神社の武藤藤太を介して相楽総三らの尊攘派と気脈を通じ東奔西走している。清水次郎長との凄惨な出入りに眼を奪われがちであるが、それが一面カモフラージュとなって勝蔵の隠密行動を隠しているとも考えられる。

というのも、黒駒勝蔵はもちろん変名の池田勝馬あるいは小宮山勝蔵とともに赤報隊の名簿と称せられるものには一切ないという謎にかかわって来る。池田勝馬の勝蔵は次郎長も明治元年五月二四日、徴兵七番隊（赤報隊改編）の駿府通行で目撃している。勝蔵は正式な隊員ではなかったのか、あるいは何かの理由で抹消されたのか。

赤報隊は急造の寄せ集め部隊であり、これからやって来る正規軍のために敵地の情報を収集したり、敵方を攪乱する一方で、人民を鎮撫する地均しの先鋒を担っていた。尊王・佐幕、官軍・幕軍の勝敗の帰趨の定まらない非常時にあっては先鋒の役割は重大であった。出自が多彩の草莽の志士の寄せ集めのなかで博徒の存在は無視出来ないものがあった。子分何百・何千という動員力、博徒のネットワークを駆使する情報収集力からも、黒駒勝蔵は貴重な存在であった。それ故こそ表ではなく裏において力を発揮する工作員を束ねる別働隊であったかもしれない。そのためか表の名簿に記載されないことになったのであろう。

赤報隊士丸山梅夫の日記から新井俊蔵預りとして、正月十六日小宮山勝蔵といずれも変名の子分十一名の入隊が判明した（西澤朱美『相楽総三・赤報隊史料集』）。

黒駒勝蔵の戊辰戦争

突如加納宿に現われた勝蔵はその後どうなったのか。足どりを教えてくれるのは昭和の最も信頼の置ける歴史小説家・長谷川伸の名著『相楽総三とその同志』と赤報隊で勝蔵と行動をともにした綾小路家の小侍、綾小路公実に随身した吉仲直吉の「吉仲直吉実歴談」を分析した長谷川昇である。

慶応四年正月二三日早朝、相楽の一番隊は中山道を進発していったが、二番、三番の両隊は鵜沼《うぬま》宿から引き返すことになり木曾川を渡って小牧に出て二七日、名古屋に入った。それには赤報隊に関する悪い噂が京都にまで聞こえ、二九日中央政府の帰洛せよとの命令が出されたからである。相楽隊へも京都の意向が伝えられたが相楽は信州・甲州の嶮を押えねばという強い信念からこれに従わなかった。そして上諏訪での惨劇が起こる。

赤報隊以降の動きを追ってみよう。

二月京都へ戻る。三月には赤報隊は「徴兵七番隊」に改編される。

京都滞在の五月五日、勝蔵は入洛中の檜峯神社神主武藤藤太を宿所に訪ねている。藤太の「公用社用留記」は次の如く勝蔵を記録に留めている。

五日　大雨　若宮小池吉左衛門二男勝蔵当時者《は》四条殿御親兵隊長小宮山勝蔵与《と》相《あい》

改《あらため》、自分宿へ尋来《たずねきた》ル、外ニ東原鷺堂《ひがしはらろどう》組雨宮弥三郎弟友蔵外三人同道来、

勝蔵と武藤藤太は昵懇の間柄であった。勝蔵は赤報隊の池田勝馬から甲州鎮撫総督四条《しじょう》隆謌《たかうた》卿の御親隊長小宮山勝蔵に変身している。東原鷺堂組雨宮弥三郎、弟友蔵他三人の甲州出身者を同道しており、草莽志士然として同志でもある故郷の恩師の上洛に面会。晴れ姿を見せたのであろうか。

五月一八日甲州鎮撫総督四条隆謌に随行して京都を発つ。六月一日遠州白須賀で甲州鎮定の知らせが入ったため東京へ向うことになる。四条隆謌が今度は奥州平潟口の総督に任ぜられたため品川から万里丸で磐城小名浜に上陸、陸路湯本を経て安藤対馬守の平《たい》城《ら》を攻略する（『東海遊侠伝』の著者、平藩士天田五郎〔愚庵〕と戦場で遭遇していたかもしれない）。相馬因幡守の軍と三度闘い、九月六日仙台に入り、三〇日仙台を引き払い一一月一四日東京へ凱旋、一二月京都へ帰った。明治二年三月徴兵七番隊は「第一遊軍隊」と改称、明治天皇に供奉して京都を出発上京、皇居の警備に就くが、翌三年一一月の兵制改革で解隊となった。

勝蔵は明治三年八月一旬間の御暇を貰い、集議院に建白・採用された黒川金山開発を目論見中、帰隊の日限を守れず脱退と見做され明治四年正月二五日伊豆蓮台寺で温泉治療の帰途、田方郡畑毛村で捕らえられ甲府へ送致された。

黒駒勝蔵刑死の謎

勝蔵は第一遊撃隊脱退と元治元年国分三蔵との出入りの際、三蔵の子分三人の殺害を問われ、明治四年一〇月一四日甲府で斬《ざん》に処せられた。

悪逆非道の博徒とはいえ、元治元年の甲府城攻略計画にはじまり赤報隊、徴兵七番隊、第一遊軍隊と官軍先鋒として命を的に王制復古の大道に献身した池田勝馬、小宮山勝蔵の黒駒勝蔵が何故に首を刎《は》ねられなければならなかったのか。勝蔵の敵役清水次郎長が過去の博徒同士の喧嘩による殺人を不問とされたのとは天地雲泥の差である。勝蔵刑死の唯一の手がかりとされる「口供書」は勝蔵が語ったものとはいえ、裁いた当局者が都合よくつくったもので博徒の巨魁の恨みの本音は伝わって来ない。赤報隊の奉じた綾小路公実や戊辰戦役で奥羽に転戦した徴兵七番隊の四条隆謌に如何に奉仕したかがひとかけらも記録されていない。また、脱退が斬刑に価するほど重いものなのか。斬罪の「口供書」は意図的に作られ、勝蔵を抹消しようとはじめからフレームアップされていたとしか言いようがない。

何故勝蔵は消されなければならなかったのか。まさに謎である。ただ、ヒントはある。それは勝蔵の盟友で赤報隊へ手引きしてくれた、かの岐阜博徒水野弥三郎である。謎に迫れるか、再び勝蔵が赤報隊長となって姿を現わした中山道美濃加納宿に引き返す以外にない。

4　東山道鎮撫総督府に水野弥三郎騙され殺さる

京都中央政府からの帰還命令に従い綾小路、滋野井両卿を擁する赤報隊二番・三番隊が美濃路から帰途に就いたあと水野弥三郎に何が起こったのか。弥三郎の謎に迫るためにはまずはどのような博徒であったのか、あらましを紹介しておかねばならない。

弥三郎は文化二年（一八〇五）岐阜矢島町の医師の子に生まれるが医業を嫌って一心流鈴木長七郎に入門、めきめきと腕をあげるが医家からは破門され、博徒となって頭角をあらわし武儀郡関小左衛門・安八郡神戸政五郎と並ぶ美濃三人衆と称せられる大親分となった。

京風文化と水野家

水野家が京風文化を嗜み、文雅に富んだ医家であったことを示す証拠が御子孫の水野自治さん宅にのこされている。医を世襲の業としたことは水野家の玄琢（祖父）玄策（父）の墓碑銘に明らかである。また、弥三郎遺愛の谷文晁の扁額や京都公卿と思しき人物、例えば高松三位卿（偽官軍事件の高松実村の父か）の短冊が多くのこされていることからも京都の雅びと連なり尊王運動に結びつきやすい家であったことが推測しうる。なお、家人が学んだと思われる折本一〇帖と一冊の手習教本に着目した。「洛陽往来」「消息往来」に始まり「千字文」に至る手習い、そして書聖王羲之《おうぎし》の書にして最高ランクとされる「春夜宴桃李園序」、范仲淹《はんちゅうえん》「岳陽楼記」の水準は文人教養の域にある。これらの折本手本は手習いから漢学まで包含する家学と言っても過言でない厚みを示している。女子の教育にも熱心であったことが一冊の「女今川」から明確となる。

水野弥三郎像（個人蔵）

　水野弥三郎は博徒とはいえ、京風文化を嗜む医家に育ち、幕末維新の京都のあわただしい動きを見聞し、尊王運動に共鳴し、自らを危い激動の渦中に置くことになったのであろう。

　弥三郎は単なる博徒でいることに満足しなかったのか、水野家が代々京都西本願寺の典医であったことからか、京都に出入りし、新選組とかかわりを持ち、御用達の役割を務めていたという。裏の情報に通ずる弥三郎が何をしていたかは不明であるが、人脈は反近藤勇派の高台寺党と呼ばれた尊攘反幕に傾いた伊東甲子太郎のグループであった。幕臣登用に欣喜雀躍した近藤ら多摩グループと袂別した甲子太郎が暗殺され、新選組から排除された一派は薩藩に匿われる。そこから赤報隊二番隊の主力となるのだが、この延長線上に弥三郎はいたのである。御用達として資金援助のみならずいざというときには配下の子分を糾合、力になるという同志としての約定があった。弥三郎は無頼の博徒ではなく勤王の草莽のつもりであった。

水野弥三郎と新選組

水野弥三郎と新選組との密接な関係を実証する文書が存在することが判明した。弥三郎が住居する岐阜矢島町の町役人寺澤家に伝来した道中触れである。もちろん新選組（調役）が弥三郎宛に送った密書の添触である。

添　触

一、急御用状　壱通

右者《は》濃州岐阜

矢島町役人中江《へ》

宿々無遅滞刻附《ちたいなくこくづけ》ヲ以

継立《つぎたて》可申《もうすべく》候《そうろう》、以上
新選組
七月十三日　　調役㊞
亥刻発
大津宿ゟ《より》
岐阜町迄
宿々問屋
役人中

七月一三日亥の刻（午前一〇時）新選組調役から発せられた大津宿から岐阜町までの宿々問屋宛の急御用状を矢島町町役人まで遅滞なく継立てるようにとの触れである。

いま一通は、水野弥三郎に極々内密に届けるようにとの矢島町役人に対する念のいった添書である。

然者《しからば》水野弥太〔三〕郎江《へ》
以手紙極急ニ家内之者江

内分ニ而《て》弥太郎江相渡《あいわたしたまう》可
給《べく》候、右得其意如斯御座候《みぎそのいをえかくのごとくござそうろう》

以上

七月十三日　新選組

調　役㊞

岐阜矢島町

町役人中

「極急ニ家内之者江《へ》内分ニ而《て》弥太郎江相渡可給候」（極々急いで家人には内密に弥三郎に渡してほしい）との文言は新選組調役と弥太郎との密接な関係を窺わせるものがある。もちろんこの添書とは別に包装されていた当該の密書の手紙が発見されれば新選組研究の新しい一頁を拓くことになるかもしれないが、おそらく一読後秘密保持のため処分されて今はない。

しかし水野弥三郎が新選組の調役、裏方にとって頼りがいのある人物であったことは明らかであろう。

赤報隊の美濃路進軍に果たした弥三郎の実力は約束通りであった。弥三郎を「わる者の頭」と嫌悪する加納宿問屋兼年寄の熊田助右衛門は憎しみを込めて詳細に動向の逐一を記録している。赤報隊来たる噂を入手した加納宿では即刻内偵のため助右衛門が一六日早朝、関が原宿に飛び、綾小路卿の家来から悪い情報をキャッチする。

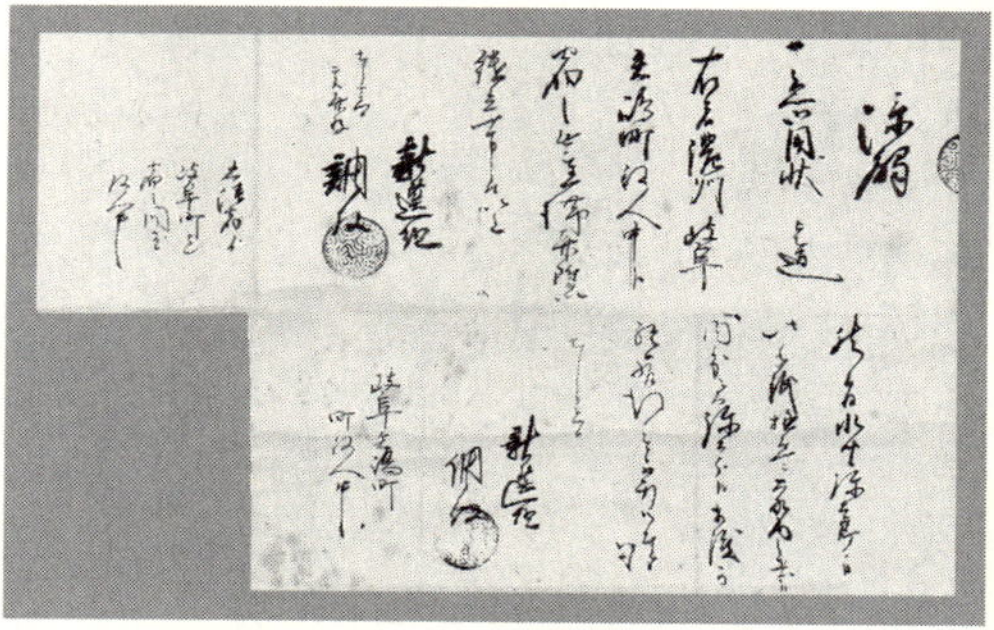
新選組調役から水野弥三郎宛書状の添触

岐阜ノ兼而《かねて》わる者の頭とゆう弥三郎へ右之手下凡五百人計《ばかり》有之《これあり》と申事ニ付、右弐三百人内々頼ニ被遣《つかわされ》候ト申事、右ニ而ハはくちうちいづれ参り候

（岐阜のかねて悪党の頭と評判の弥三郎には手下が五〇〇人位いるが、そのうちの二、三〇〇人を赤報隊の方へ出すように内々頼んだのでいずれ博奕打ちが集まって来る。）

赤報隊から弥三郎に、二、三〇〇人の子分を出すようにとの内々の指示があったというのである。新選組の関係からは二番隊長鈴木三樹三郎辺であろうか。黒駒勝蔵の線もある。勝蔵とは親子ほど年齢は違うが兄弟分の盟友である。

慶応四年（一八六八）正月一七日弥三郎の手下七〇人が抜身の鎗をひっさげて現れる。綾小路様御用で岩手（陸軍奉行竹中丹後守陣屋）に参る、迎えに出ないのかと問屋場で宿役人に威張りちらした。一同は無念ではあったが歯を喰いしばって通行させた。一八日弥三郎の同勢六、七〇人は岩手の竹中陣屋に入り込み、接収に当たる。このときの模様は「ま事に御気毒之次第ニ慥《たしか》ニ風聞 仕《つかまつり》候」（竹中家中の者は誠に気の毒であるとの風聞）となる。一九日先鋒二〇〇人が加納宿（加納藩永井氏三万二〇〇〇石の城下でもある）に入る。七分ばかりは弥三郎の手下である。問屋兼年寄の助右衛門は藩と赤報隊のとりもちに奔走するうちに大変な風聞を耳にする。

岐阜弥三郎義ハ綾小路様ニ高弐万石之御墨付頂戴仕候事と申風聞ニ而《て》依之《これより》いづれ当加納御城へわる者の頭弥三郎在城《ざいじょう》可致《いたすべく》風聞《ふうぶん》仕候
（弥三郎が綾小路様から二万石を与えるという御墨付を頂戴したからいずれ弥三郎が加納城主となって支配することになるという風聞）

悪者の頭の水野弥三郎が加納城主となるとなればと考えると、たとえ風聞とはいえ助右衛門は絶望の淵に立たされ、宿役人一同は「手をしぼり」居るだけになった。そこに相楽総三の一番隊が到着し、同時に先鋒隊長黒駒勝蔵がつづく。勝蔵は正規な赤報隊員ではない。別命を受けて行動する綾小路公実直属の工作員的存在である。弥三郎との太いパイプがあって隊長格で西本陣へ逗留したのであろう。加納宿は弥三郎の手下二七〇人が入り込み、「あくたれ人」が占領したような状況に立ち至った。助右衛門の弥三郎への嫌悪は恐怖となり憎悪に変っていく。

赤報隊の悪い噂は尾鰭がついて次々と拡がっていった。遂には京都の中央にも達する。赤報隊士が強盗まがいに豪農商から金品を徴発している。幕末の混沌とした時世では驚かれない所業であるが官軍先鋒とあっては軍規に拘わる。風聞はまことしやかに水野弥三郎が綾小路公実から密かに二万石のお墨付きをもらった。加納藩が取り潰されたらいずれ城主に納まるなどと政事向きにまで赤報隊がらみの博徒の親分の噂が真実味を帯びて囁かれるようになった。

偽官軍情報と水野弥三郎

慶応四年（一八六八）正月一七日、ついに東山道鎮撫総督が動いた。「偽官軍」の序奏である。赤報隊らしきに強い警告を発した。

近日滋野井殿綾小路殿家来抔《など》と唱え、市在へ徘徊致、米金押借り人馬賃銭不払者《はらわざるもの》も不少《すくなからざる》趣、全く無頼賊徒之所業ニて決して許容不相成候、向後右様之者於有之《これあるにおいて》は、捕へ置早速御本陣え可訴《うったえいずべく》出候、若し手向イいたし候者ハ討取候とも不苦段《くるしからざるだん》被仰出《おおせいだされ》候事

但シ此後岩倉殿家来抔と偽り右等之所業ニ及候者可有之哉《これあるべくや》も難計《はからいがたく》候ニ付、聊《いささか》無用捨同様之取計可致《いたすべき》旨、御沙汰候事

戊辰　東山道鎮撫総督　執事

正月　東山道諸国

宿々村々

役人中

赤報隊の美濃路の進軍にあたってこれを助けた弥三郎と子分たちの風評は最悪であった。水野弥三郎は苦しい立場に追い詰められていく。

年貢半減令と水野弥三郎

弥三郎が官軍本隊から睨まれたのは宿役人助右衛門が憎悪した博徒ども狼藉の噂だけではなかった。相楽の赤報隊が「偽官軍」の汚名を究極着せられ、隊長相楽らが斬罪に処せられる要因となった年貢半減令の告知に弥三郎が深くかかわったことにもあった。

慶応四年正月一九日相楽の一番隊は加納宿に入るや本陣松浪藤右衛門の前の高札場に制札を建てさせた。

此度王政御復古ニ相成、御政事向都而於御所《すべてごしょにおいて》御取扱候ニ付而《て》ハ朝命ニ服せさる者等御追討として官軍御差向ニ相成候間、百性〔ママ〕町人どもハ安堵いたし各《おのおの》職業可相励《あいはげむべく》候事

一官軍御差向之義ニ付、其混雑ニまきれ官軍と偽り、暴威を以て百性町人共ニ難義いたさせ候者有之哉難計《これあるやはからいがたく》候間、右等之者は取押置本陣迄可訴出《うったえいずべく》候事

一徳川慶喜義

朝敵たるを以て官位被召上《めしあげられ》、且《かつ》従来御預ヶの土地不残《のこらず》御取上ニ相成、以後は天朝御領と相成候、尤《もっとも》是迄慶喜之不仁ニより百姓共の難儀不少《すくなからざる》義と被思召《おぼしめされ》、当年半減之年貢被成下《なしくだされ》候間、天朝之御仁徳を厚く相心得可申《もうすべし》、且諸藩の領所たりとも若《もし》困窮之村方難渋之者等ハ申出次第　天朝より御救助可被成下《なしくださるべく》候事

慶応四年

戊辰正月

官軍赤報隊

執事

当年の年貢は半減にするという文言が重大である。相楽には厳しい東征を戦っていくた

めには年貢を半減してまずは「天朝之仁徳」を天下に知ろしめし人民の支持を得るべきだという強い決意があった。赤報隊の結成、進発のあわただしいなか中央との確たる承諾を得ずに「官軍赤報隊」として布告してしまった。

この高札を美濃一円の村々に請書まで取って徹底させたのが水野弥三郎であった。「綾小路様鎮撫ニ加納城御出張本陣前高札」は「岐阜水野弥三郎より村方外知行所一同」へ移牒され村々の庄屋は「官軍赤報隊」へ「勤王之節相守」りますと請書を出したのである。

財政逼迫の新政府が年貢半減など認められる筈もない。しかし先鋒として敵地の鎮撫の難しさを説かれれば空手形として黙許するも止むを得なかったかもしれない。ところがあまりの無抵抗、恭順一色の徳川譜代大名の腰抜けぶりに中央総督府は先鋒赤報隊の緊急性を認めなくなっていた。なれば年貢半減令を出した官軍赤報隊は邪魔になる。まして熱心に年貢半減の天朝の救助を宣伝し、天朝の仁徳を説いた水野弥三郎は赤報隊をよく知る人物として危険である。

唯一加納宿の出来事を水野憎さに記録した助右衛門であるが、各所に弥三郎と子分の狼藉にひとしき行動については詳しいが年貢半減令に絡む本質的部面は見落している。助右衛門の視点は加納藩お家大事、宿場大事の一念である。

水野弥三郎の最期

慶応四年二月三日巳上刻（午前九時）大垣に陣する東山道鎮撫総督府執事は弥三郎に差紙をつけた。

尾州領岐阜住
水野弥三郎

右之者是迄如何之風聞も候へ共、勤王志有之《これある》趣相聞、御用品も有之間罷出可《もうすべく》申事
慶応四年二月
東山道鎮撫惣（ママ）督府　執事

（右の者これまでいかがという風聞もあったが勤皇の志があると聞く、御用があるので出頭するように）

実にあいまいな表現であるが、この文言からは三日後に起こる悲劇は全く読み取れない。むしろ、先鋒赤報隊に配下を送り込み、布告の高札まで美濃一円の村々に手配してやったのだから勤皇の志を愛《め》でられ、褒美でも下賜されるのではと期待して、喜びそうな通達である。しかし総督府は小監察一人と大垣藩同心小頭宇野嘉十郎を使いとして派遣した。異例である。企みを知っていたのは小監察で、同心の嘉十郎は知らされていない。おそらく嘉十郎は弥三郎とは親しい間柄であった。博徒と同心は同じ穴の狢《むじな》である。むしろ喜んで

弥三郎のところへ出かけた。岐阜に弥三郎を訪れるが留守であった。家人が言うにはこの一両日は名古屋へ出かけているとのことであった。

二人は名古屋に出て尾張藩勘定所に寄り弥三郎にたどり着く。弥三郎は後継者の嘉太郎と子分の寅、供一人の四人で居た。子分数百人の動員力を持つ弥三郎はこのとき内々でくつろいでいたのであろう。直《すぐ》に早駕籠を仕立てて大垣の本陣へ向うよう弥三郎らを急がせる。本陣で弥三郎の大垣での旅宿を尋ねながら差紙について「ボンヤリ御申付」けている。官軍への協力に対する褒賞なのか、特別な依頼でもするのか、企みを悟られぬよう役人も緊張したであろう（企みが洩れたら子分が黙っていない）。弥三郎らは一先《ひとまず》旅宿鍋屋惣七方で休息を取ることになる。

二月五日九ツ（正午）過ぎ呼出しがかかった。弥三郎らに「誠ニ結構之被仰出《おおせいだされ》候御内意之儀麻上下着用ニ而《て》可罷出《まかりいずべし》」（誠に結構な仰せであるから麻上下を着用して出頭するようにと内々指示があったのである。こう言われれば褒賞以外にないと考えるのが当然である。総督府の奸計はよく出来ていると言うしかない。

小頭嘉十郎の喜びも一入《ひとしお》ではない。弥十郎に三〇〇両もする大小を提供した。上下紋付は魚屋又市兵衛が貸与した。午後二時、麻上下に大小を差した弥三郎は歴とした武士の風格、家老役の嘉太郎、子分寅の草履取を従え威風堂々と東山道鎮撫総督府の置かれた本陣上田九右衛門の玄関に立った。

迎えた総督岩倉具定家臣二人、大垣藩二人は「岐阜水野弥三郎哉」と本人であるかと確認、「奉畏」（はいそうです）と答えると「其方遠路之処苦労一先アレイ〳〵」と「席ノ間」に案内されたまま、しばし「ダンマリ」となった。そのうち役人は奥へ引っ込む。これも異例である。弥三郎に不安の陰が走り始めた。待つこと半時（一時間）、御用懸り脇田頼三が出てきた。ようやく総督府の実行者のお出ましである。お決まりの水野弥三郎の人定質問ののちいよいよ本性を顕わして弥三郎を断罪する。

今度其方儀御不審之廉〳〵《かどかど》有之《これあり》、御不審中剣類《けんるい》御引上《おんひきあ》ケ、ジンジャウニ縄めに掛レ

宣告するや高木政五郎なる者が突如現われ、弥三郎着用の上下を脱がせ、嘉太郎ともども縄を打たれ、土間へ引きずりおろされた。

あまり突然の暗転に歴戦の博徒の弥三郎とはいえ、顔面蒼白となって水一盃を所望する。本陣の下働きが欠けた茶碗で一杯の水を供した。弥三郎は既に罪人の扱いである。

大垣藩と総督府の兵士・同心三〇人の厳重な警固のなか、三人は本陣を出て弥三郎は大垣藩本牢へ、嘉太郎と寅は揚り屋に入牢となった。弥三郎ら三人を一目見ようと一万人の見物人が群集したという。この日加納宿の宿役人一七人は祝杯を挙げて弥三郎の逮捕を喜んでいる。

二月六日早朝、悪夢即現実なりの牢内の弥三郎は大垣藩の同心に嘉太郎に一目会って置きたいと歎願した。同心とて弥三郎とは知己の関係にあり、小頭嘉十郎にとっては苦悩と悪夢の三日間であった。おそらく総督府の断りを得ず大垣藩同心の独断で弥三郎と嘉太郎を面会させた。

死を覚悟した弥三郎は、嘉太郎に「家内中一統へよろしくト其方へハ数年来世話苦労ヲ相懸ヶ何分家内一統へよろしく」と最期の一言をのこした。何百という子分を死地に遣《や》った親分弥三郎としては一家の子分の行末が心配であったのであろう。繰り返された「家内一統へよろしく」は弥三郎の最後の気がかりであった。

嘉太郎の弥三郎を慰めるかのような「又候《またぞろ》再会も可致《いたすべし》」（またお会い出来る日もありましょう）の励ましに「跡ハ後ノテ《(ママ)》事」（あとの事はあてにならない）と答えたという。弥三郎にとって生きるすべを失った。博徒とはいえ、生涯を賭して献身した勤皇の志はかくまでも裏切られるのである。弥三郎には何ら弁明、弁解しようとする気力は起こって来ない。こんな卑劣な手段を使って騙し討ちするような官軍に絶望したのである。また官軍を動かす王朝の仁徳の欺瞞にも絶望した。王朝の走狗に斬刑されるより、自ら死を選んだ方がよいと決意した（かつて国定忠治が磔の公開処刑を自ら演ずることでお上を痛罵したが、つくられた密室ではそれは不可能である）。

二月六日辰中刻（午後八時）弥三郎は縊首して死した。

追討ちをかけるかのように死後間もなくかつて水野弥三郎が建てるよう慫慂した村々の高札場に次のような高札が掲げられた。勤皇の博徒に対し、死後にわたってまでもの卑劣な仕打ちである。

水野弥三郎墓碑（右）と子分生井幸治墓碑（左）

岐阜住人
水野弥三郎
右之者従レ前《まえより》天下之大禁《きん》ヲ犯《おか》し子分と称《しょう》し候無頼従者嘯聚《しょうしゅう》シ奸吏と交《まじわり》をむすひ良民を悩し候件々不レ少《すくなからず》剰《あまつさ》へ官軍之御威光ヲ仮《か》り恣《ほしいまま》ニ人命絶テ候段不届至極ニ付被召寄御詰問《めしよされごきつもん》之処一言申訳不相立状《あいたたずあり》罪《ざい》ニ及候ニ付入牢被仰付《おおせつけられ》追々斬罪之上梟首可被仰付筈《きょうしゅおおせつけらるべきはず》之処死去いたし候ニ付不及其儀《そのぎにおよばざる》ハ百姓町人共右之次第篤と可相心得《あいこころうべき》者也

執　事

草莽の俠客水野弥三郎は官軍の威光を仮り天下の大禁を犯したので無頼者として斬罪の上梟首に曝すところ自死したので百姓町人共よ篤と相心得よ。

水野弥三郎は水野家菩提寺蓮生寺の家墓から追い出されて岐阜市の共同墓地に眠っている。「明治紀元戊辰年二月五日」と刻まれた没年は御維新はこれでよいのかという弥三郎の最後の皮肉に見える。隣には親分弥三郎に殉死した子分生井幸治が寄り添うかのようにつき従っている。「勇肝鉄心信士」の戒名が任俠の何たるかを後世に伝えている。

抹消された維新の博徒

明治四年黒駒勝蔵の斬刑から遡って慶応四年の水野弥三郎の「斬罪之上梟首」の謎を探ってきた。同時に博徒喧嘩史から見えて来ない二人の幕末維新史の本質に肉迫して来たつもりである。

しかし事実が明らかになればなるほど何故彼らが抹消されねばならなかったのかという疑問は深まるばかりである。そう言えば元治元年勝蔵とともに甲州上黒駒村を本拠とする甲府城攻略の計画に参画した下田在本郷の赤鬼金平の最期も二人に近似している。

金平も尊王倒幕に加担して紀州藩の御用船を襲ったことを咎められ、明治二年（一八六九）五月二五日、下田町で斬罪となっている。

勝蔵に関し唯一信頼されるとされた斬罪の「口供書」は、明らかに裁く側が勝蔵が自己の生涯を語ったものを都合よくつくり変え、大罪人黒駒勝蔵を捏造したとしか考えられない。

勝蔵は盟友水野弥三郎が大垣で抹殺され、天下の大禁を犯し子分を嘯聚し、官軍の威光を恣に人を殺害したと捨札に公示されたことを耳にした。この時点で勝蔵と弥三郎が構想した官軍に博徒を糾合、編成しようとするプランは挫折した。長谷川昇は慶応四年正月尾張藩が急遽編成した「尾張藩草莽隊」に二人の構想の痕跡を認めようとしている。尾州北熊の近藤実左衛門、三州平井の雲風亀吉、水野弥三郎の一の子分岐阜の高井辰蔵の三人に声がかかったのである。辛じて二人のプランは総督府から自立していた尾張藩で採用され、実施されたのであろう。因みに、尾張藩集義一番隊、二番隊にはこの時、東海道筋の一大勢力となりつつあった清水次郎長の系列は一人も参加していない。

清水湊に生育した次郎長は時代の風を読むに天性のものがあった。葵から菊への大激動を難なく乗り切ってみせた。

黒駒勝蔵・水野弥三郎の二人は歴史の大義に賭けて時代の潮流のリアリズムを最後の最後に読み間違えて激流に呑まれた。次郎長と勝蔵・弥三郎の明暗の岐路はどこにあったのか。疑問はのこるが博徒の明治維新は黒駒勝蔵・水野弥三郎の謎の死をもってここはひとまず擱筆する。

【参考文献】

全体

『民衆文化とつくられたヒーローたち――アウトローの幕末維新史』（国立歴史民俗博物館展示図録　二〇〇四）

第一章

磯部新福『実説吃安親分島抜記』（一九五七）
『新島村史』通史編（新島村　一九九六）
『新島村史』資料編Ⅰ（新島村　一九九六）
『新島村史』資料編Ⅱ・流人史（新島村　一九九六）
『富士吉田市史』史料編第3巻・近世1（富士吉田市　一九九四）
『江川坦庵全集』上巻（江川坦庵全集刊行会　一九五四）
『江川坦庵全集』下巻（江川坦庵全集刊行会　一九五五）
仲田正之『韮山代官江川氏の研究』（吉川弘文館　一九九八）
戸羽山瀚「駿遠豆遊俠伝」（静岡新聞社『ふるさと百話』第7巻　一九七二）

『近世庶民生活史料　藤岡屋日記』第5巻（三一書房　一九八九）
『続徳川実紀』第3篇（吉川弘文館　一九六六）
『原宿植松家日記・見聞雑記』（沼津市教育委員会　一九八五）
高橋敏編『アウトロー近世遊俠列伝』（敬文舎　二〇一六）

第二章

『御坂町誌』資料編（御坂町　一九七二）
『八代町誌』上（八代町　一九七五）
『八代町誌』下（八代町　一九七六）
小野武夫編『徳川時代百姓一揆叢談』下冊（刀江書院　一九二七）
青木虹二編『編年百姓一揆史料集成』第13巻（三一書房　一九八五）
須田努「天保の『悪党』――百姓一揆の変質と近代」（「日本史研究」四〇八　一九九六）
『山梨県史』史料編八・近世1（山梨県　一九九八）

第三章

高島俊男『水滸伝と日本人』（大修館書店　一九九一）
『海上町史』資料編Ⅱ近世（二）（海上町役場　一九八八）

高橋敏『国定忠治の時代』（平凡社　一九九一、ちくま文庫　二〇一二）
高橋敏『国定忠治』（岩波新書　二〇〇〇）
高橋敏『国定忠治を男にした女侠――菊池徳の一生』（朝日新聞社　二〇〇七）
『近世庶民生活史料　藤岡屋日記』第4巻（三一書房　一九八九）
「悪党狩史料集」（昭島・歴史をよむ会　二〇〇〇）
高橋敏『江戸の訴訟』（岩波新書　一九九六）
高橋敏「幕末文化のヒーローとなったアウトローたち」（『幕末学のみかた。』朝日新聞社アエラムック　一九九八）
高橋敏「幕末維新のアウトロー」（「静岡県史研究」14号　一九九七）
高橋敏「嘉永水滸伝の立役者武州石原村幸次郎――関東取締出役体制の破綻」（『多摩のあゆみ』一五〇号　二〇一三）

第四章

長谷川伸『相楽総三とその同志』（一九四三、一九八一中公文庫所収）
堀内良平『勤王侠客　黒駒勝蔵』（軍事界社　一九四三）
長谷川昇『博徒と自由民権――名古屋事件始末記』（中央公論社　一九七七）
長谷川昇「黒駒勝蔵の『赤報隊』参加について――水野弥太郎冤罪獄死事件」（「東海近代史

研究」4号　一九八二）
『岐阜市史』史料編・近代1（岐阜市　一九七七）
『元治甲子官武通紀』第1巻（国立公文書館）
「吉仲直吉君　維新前後王事に尽力せられし事蹟附十五話」（原書房『史談会速記録』合本13　一九七二）
高橋敏『清水次郎長と幕末維新』（岩波書店　二〇〇三）
西澤朱美編『相楽総三・赤報隊史料集』（マツノ書店　二〇〇八）
高橋敏『清水次郎長――幕末維新と博徒の世界』（岩波新書　二〇一〇）

なお、本書の基本資料となった山梨県笛吹市八代町竹居の中村家文書（安五郎生家）と竹居区有文書（竹居村公文書）については本文中に出典を明示するよう心がけた。また中村家文書は山梨県立博物館に寄託され目録にもとづき公開されている。

あとがき

二〇〇四年三月一六日（火）から六月六日（日）まで千葉県佐倉市の国立歴史民俗博物館において「民衆文化とつくられたヒーローたち――アウトローの幕末維新史」をテーマに企画展示が開催される。目下は準備の真最中、多くの関係者の協力を得て着々と進行中である。周囲のおだてに乗ったきらいもなくはないが、僚友を巻き込んで、戦後はもちろん二〇世紀近代歴史学から排除されつづける稗史のアウトロー（博徒・侠客）を甦らせたいという日頃の宿願にあと押しされて、ついつい前人未踏の（やや言い過ぎか）領域に足を踏み入れることになった。アウトローをアカデミックに取り上げると公言したからには、歴史学研究としてオリジナルをものしなければならない重荷を負った。

当然歴史学の土俵でアウトローを取り扱うことが出来るかという難問にぶち当たることになる。アウトローは人々の歴史意識の内部に深く浸透・沈殿しているがそれらは虚実皮膜の混沌の中にある。その源泉となっているものは講釈、浪曲、芝居、大衆小説等で語られ、つくられ、増幅された稗史《よみもの》のヒーロー像である。しかし、これを逆手にとって稗史の虚から入って実に迫ることは可能ではないか。換言するなら国定忠治や清水次郎長等のヒーロー譚から離脱して博徒・俠客の幕末維新史から日本歴史を紡ぎ出そうという冒険でもある。とりあえずまず天田愚庵の名著『東海遊俠伝』を翻刻・分析しつつ、一方で博徒の幕末維新を探訪するフィールドワークに出発した。

こうして清水次郎長の敵役になった甲州博徒の痕跡を訪ねるうちに竹居安五郎の御子孫、中村通久さんに邂逅し、四〇〇点の文書の宝の山に遭遇した。それから安五郎流刑の地新島に航し、多くの発見の喜びに浸った。

杳《よう》として正体をつかめない黒駒勝蔵も維新の激動の真っ只中の足跡をようやくつき留めることが出来、おぼろげであるが御維新に賭けた勇姿を現わしつつある。岐阜の水野弥三郎もその最期が鮮烈に甦った。

アウトローは正史とは正反対に系統的に生の証しをのこすことはない。まして、現世に思いを刻みつけたにせよ、権力者によって意図的に抹殺される運命にあった。しかし、絶滅危機に瀕する生物が地球上に生きた証を最後の力をふり絞ってのこすようにダイナミックな生涯の断片をいわば点として公文書にのこすことがある。これを探り出し、(稀ではあるが) 子孫が襲蔵する私文書、関係者が語り継いださまざまな伝承と合体させる、根気のいる仕事をつづければ、アウトローとてその実像を垣間見せてくれる。

正史によって占拠された一世紀余の近代という時代は、さまざまな媒体によってアウトローは手を変え品を変えいじられいじめられ、幾層にわたって種々雑多な虚が堆積させられてしまっている。

本書は稗史の登場人物を文献史学で掘り起こす作業から生まれた。まだまだ虚実皮膜の壁は厚い。今後の課題も多くかつ深いことは自覚しているつもりである。

本書は多数の人々の親切によってここまできたが、何よりも世の偏見に耐え先祖を誇りに、遺された史料を襲蔵、また子々孫々に語りつづけて来た御子孫の皆さんの暖かい励ましなくしてならなかった。心底より御礼申し上げたい。

また、多くの関係者、関係諸機関にお世話になった。甲州調査でお世話になった林陽一郎氏他逐一お名前を挙げることは差し控えさせていただくが感謝を捧げたい。

本書執筆の一段落した秋、突如安五郎生家の当主中村通久さんが急病で倒れたとの悲しい知らせに接した。歴博の展示と本書の出版を千秋の思いで待っておられると聞いている。一日も早い回復を祈るのみである。

最後に終始フィールドワークの行動をともにしてくれた沢畑利昭氏、また暖かい助言を惜しまれない大久保純一氏に深甚なる謝意を表したい。

あわただしい調査等の準備作業の間隙を縫って展示オープンに間に合わせるべく（執筆

を断続させつつ、悪筆に終始した）原稿を本にまとめてくれたのは筑摩書房の福田恭子さんである。

二〇〇三年一一月二四日

高橋　敏

文庫版あとがき

本書刊行から十四年、新書から学芸文庫に衣替えして、また新たな読者にお目見えできることになり、有り難く思っている。

執筆時は、国立歴史民俗博物館開館二十周年記念展示「民衆文化とつくられたヒーローたち――アウトローの幕末維新史」のオープン直前であった。退官前に研究成果を展示にして見せるという日頃のモットーを遵守しなければと、執筆と展示準備に無我夢中であった。

アウトローの未開拓のフィールドワークは次々と新知見がつづいたが、それらの感動に浸る間もなく、慌ただしくまとめては一気呵成に書き下ろした。悪筆の草稿を福田恭子さんに手渡ししては編集を急がせた。福田さんの尽力でオープン一ヶ月前に出版、辛くも面目を保った。今回読み直し、悪戦苦闘の痕跡を目の当たりにすることとなり、懐かしくも忸怩たるものがある。最少限に止めたが、補正をおこなった。なお、二〇〇四年三月十六日から六月六日まで開催された展示のあらましは、新たに参考文献に加えた図録に収められている。

アウトローの歴史を公立歴史博物館で展示することには種々厳しい局面がある。歴博が最初で最後と覚悟していたが、二〇一一年にパルテノン多摩が「幕末任俠伝」、府中市郷土の森博物館が「アウトローたちの江戸時代」、二〇一三年には山梨県立博物館が「黒駒勝蔵対清水次郎長―時代を動かしたアウトローたち」と、気鋭の学芸員の努力によって継続して開催されてきた。

本年は明治元年(一八六八)から一五〇年とやらで、官民挙げて明治維新の再評価に酔いしれている。長谷川伸の遺言「明治維新には博徒すら起《た》っている」ではないが、正史の檜舞台から抹殺排除されたアウトローの稗史の明治維新に光があてられても良いのではないのか。本書がその一助となればと思う。

最後に、本書の解説として、玉稿の収録をご許可いただいた鹿島茂氏に深い敬意と感謝の意を表したい。

二〇一八年四月二十日

高橋　敏

【関連年表】

年	月日	本書で取り上げたアウトロー関連事項	その他事項
安永　七年（一七七八）	四月		関東無宿者数多徘徊につき取締
天明　七年（一七八七）	七月		寛政改革始まる
寛政　二年（一七九〇）		漢文を訓読した「通俗忠義水滸伝」の出版、三四年かけて完了	
寛政一〇年（一七九八）	四月		関東在方通りもの取締強化
享和　元年（一八〇一）		甲州八代郡竹居村、隣村奈良原村との間で取水口をめぐる訴訟（水論）勃発（〜一八一三）	
文化　二年（一八〇五）	五月		百姓の武芸を禁ず
	六月		関東取締出役を置く
文化　七年（一八一〇）		竹居村小前百姓、年貢・村入用の会計公開求め名主甚兵衛（竹居安五郎の父）を訴える、他村村役人の仲介で収拾、議定調印する	
文化　八年（一八一一）		竹居安五郎生まれる（父甚兵衛、母やす）	
文化一〇年（一八一三）		国定忠治（長岡忠次郎）生まれる	
文化一四年（一八一七）	六月	竹居村甚兵衛（安五郎の父）、郡中惣代に代わって治安取締の強化を建白	

文政　三年（一八二〇）	一月　一日	清水次郎長（山本長五郎）生まれる	
文政　四年（一八二一）	一月		甲州・信州に関東から無宿者入込みにつき取締
文政　六年（一八二三）	二月　一日	石和代官、竹居村甚兵衛を郡中取締役に任命	
文政　八年（一八二五）	二月		異国船打払令下る
文政　九年（一八二六）	九月		長脇差の無宿、罪科の有無に関係なく重科に処す高札
文政一〇年（一八二七）	四月一三日	甚兵衛（安五郎父）没	
文政一〇年（一八二七）		歌川国芳の錦絵「通俗水滸伝豪傑百八人之一個」のシリーズ開始	関東取締出役制改編、改革組合を編成、無宿の取締を強化
文政一三年（一八三〇）		竹居村と奈良原村の間で、大掛かりな山論勃発	
天保　三年（一八三二）		竹居村、石和代官支配から田安家領知に支配替え 黒駒勝蔵、甲州八代郡上黒駒村の名主小池嘉兵衛の次男として生まれる	天保大飢饉（～一八三六）
天保　七年（一八三六）	八月二一日	甲州郡内騒動勃発、群集した無宿者が騒動をのっとり、大暴動に発展	
天保　八年（一八三七）	二月二三日	竹居安五郎、村内で暴行事件を引き起こし内済する	
天保　九年（一八三八）	閏四月　一日	竹居村の若者による、増利村・砂原村	

年	月日	事項	関連事項
		の山守番人に対する「打擲」事件発生	
	閏四月	兄甚兵衛、詫び証文の内済の動きに反対して寺社奉行に逆訴	
	七月二一日	兄甚兵衛、訴訟促進のため田安家家老に籠訴	
天保一二年（一八四一）	五月		天保改革始まる
嘉永　二年（一八四九）	四月　五日	関東の無宿岩五郎・武州石原村幸次郎と伊勢古市の伝兵衛・伊豆間宮久八の両勢力が遠州岡田村で衝突	
	四月二八日	下総の勢力富五郎、関東取締出役らの捕り手を向こうに廻して立てこもり、万歳山で鉄砲により自死	
	七月	竹居村甚兵衛（安五郎兄）、無宿同道博奕の容疑により田安家領田中御役所によって逮捕される	
	八月二五日	武州石原村無宿幸次郎を首領とする二一人、武州板井村、熊谷宿を皮切りに武州、甲州、駿州、遠州、信州一帯を荒らし廻る	
	一〇月　九日	無宿幸次郎、甲府勤番支配の者に甲府で捕らえられ、一味のもの本庄宿で吟味の上江戸送りとなる	
	一二月	幸次郎一件のもの処罰決する。石原村幸次郎は獄門となる	
嘉永　三年（一八五〇）	七月二一日	国定忠治、中風で倒れる	

嘉永　四年(一八五一)	八月二四日	関東取締出役中山誠一郎と手先、忠治を召捕る	
	一二月二一日	国定忠治、上州大戸の関所で磔刑になる	
嘉永　五年(一八五二)	四月	甲州八代郡竹居村無宿安五郎、新島に島流しになる	
		甲州八代郡上黒駒村檜峯神社神主武藤外記、私塾「振鷺堂」を開き尊王攘夷を説く	
嘉永　六年(一八五三)	六月　三日		米国ペリー提督率いる軍艦(黒船)四艘、浦賀に来航
	六月　八日	竹居安五郎ら七人、新島の名主を殺害し、島抜けをはかり伊豆網代に上陸逃走	
	六月　九日	新島島役人、追船数艘を出して捜索	ペリー久里浜に上陸、浦賀奉行戸田伊豆守氏栄に米大統領フィルモアの親書を手交
	六月一一日	新島島役人が安五郎の流人小屋を家宅捜索	
	六月一二日	浦賀番所に安五郎らの指名手配の人相書届け出	ペリー艦隊退帆。
	六月一九日		韮山代官江川英龍、勘定吟味役に抜擢される

	六月二八日	島抜けに使われた源兵衛船、伊豆網代から新島に帰島	
	八月二一日		内海台場（一番〜三番）の築造工事始まる
	八月二六日		江川英龍に大筒鋳造の正式な幕命下る
安政　元年（一八五四）	三月　三日		日米和親条約を締結・調印、下田・箱館二港を開く
安政　三年（一八五六）	七月　八日	黒駒勝蔵、竹居村甚兵衛・安五郎の子分になる	
安政　五年（一八五八）	六月一九日		日米修好通商条約調印
安政　七年（一八六〇）	三月　三日		水戸・薩摩浪士、井伊直弼を暗殺（桜田門外の変）
文久　元年（一八六一）		竹居村甚兵衛（安五郎兄）没	
	三月一二日	関東取締出役の道案内国分三蔵らが黒駒勝蔵の子分を斬殺したのをきっかけに、安五郎・勝蔵対三蔵グループの争闘激化する	
文久　元年（一八六一）	一一月頃	竹居安五郎、関東取締出役手先国分三蔵一味に捕らえられる	
文久　二年（一八六二）	二月一七日	竹居安五郎牢死（毒殺との説もあり）	
	八月二一日	歌川豊国（三代）、錦絵「近世水滸伝」	生麦事件おこる

文久　三年（一八六三）	五月	を「いせ兼」から上梓	長州藩、外国船（米・仏・蘭）砲撃
	七月　二日		薩英戦争
元治　元年（一八六四）	三月二七日		水戸藩士、筑波山に挙兵（天狗党の乱）
	四月	甲府長禅寺前代官加藤餘十郎による甲州博徒黒駒勝蔵らの探索書	
	六月　五日		京都三条の旅館池田屋を新選組が襲う
	六月　六日	三州平井の博徒亀吉の元に滞在する黒駒勝蔵を清水次郎長が襲い、勝蔵は子分大岩、次郎吉を失う	
	七月一九日		蛤御門で長州藩兵と幕軍が交戦
	七月二四日		第一次長州征伐
	八月　五日		英米仏蘭連合艦隊下関砲撃
	一〇月一七日	黒駒勝蔵、安五郎の仇の犬上郡次郎を殺害	
	一二月		高杉晋作ら挙兵
慶応　二年（一八六六）	四月一八日	勘定奉行小出志摩守、井上信濃守が黒駒勝蔵と子分十二名を指名手配	
	六月　七日		第二次長州征伐
慶応　三年（一八六七）	一〇月一三日		討幕の詔書

	一〇月一四日		大政奉還上表
	一二月一五日	薩摩の西郷隆盛、大久保利通の密命を受け相楽総三ら、甲府城攻略を企てるが失敗に終わる（この計画に檜峯神社神主武藤藤太かかわる）	
	一二月二五日		江戸薩摩藩邸焼打ち事件
慶応　四年（一八六八）	一月　三日		鳥羽・伏見の戦い（戊辰戦争開始）
	一月一〇日		江州松尾山で赤報隊結隊
	一月一六日	黒駒勝蔵、小宮山数馬を名乗り、子分一一人と赤報隊に参加、岐阜水野弥三郎とともに一九日加納宿に入る	
	二月　三日	東山道鎮撫総督府執事、水野弥三郎に出頭するよう、差紙をつける	
	二月　五日	水野弥三郎、東山道鎮撫総督府のおかれた本陣に出頭、逮捕され大垣藩本牢へ収監される	
	二月　六日	水野弥三郎縊死	
	二月一〇日		赤報隊偽官軍の布令、偽官軍事件により赤報隊解隊される
慶応　四年（一八六八）	三月　三日		赤報隊相楽総三とその同志下諏訪で処刑さる

	三月	赤報隊、「徴兵七番隊」に改編される。	
		勝蔵京都へ帰り徴兵七番隊へ編入さる	
	五月 五日	黒駒勝蔵、上洛中の檜峯神社神主武藤藤太を訪ねる	
	五月二九日	清水次郎長、駿府町差配役伏谷如水より清水湊の警備を命ぜられる	
	七月二〇日	黒駒勝蔵、仙台口鎮撫総督に任ぜられた四条隆謌に随行して、戊辰戦争に従軍	
明治 元年（一八六八）	九月 八日		明治と改元
	九月一八日	咸臨丸事件、次郎長、敗死者を葬り壮士の墓を建立	
明治 二年（一八六九）	一月 一日	勝蔵、年賀状差出人に江戸桜田門外井伊様御屋敷方四條殿徴兵七番隊差図役池田数馬とあり	
	三月 七日		徴兵七番隊、「第一遊軍隊」と改称、明治天皇に供奉して東京に出発、皇居の警備に就く
	六月一七日		版籍奉還
明治 三年（一八七〇）	一一月二四日		兵制改革で「第一遊軍隊」解隊
明治 四年（一八七一）	一月二五日	黒駒勝蔵、帰隊の日限を守れず脱退と見なされ、田方郡畑毛村で捕らえられ、甲府に送致される	

七月一四日 廃藩置県

一〇月一四日 黒駒勝蔵、第一遊撃隊脱退と文久元年国分三蔵との出入りの際の殺害の罪に問われ甲府で斬に処せられる

解説　アウトローから見た全く別の歴史

昭和二十年代生まれの人なら、清水次郎長、国定忠治、黒駒勝蔵といった侠客について、名前くらいは記憶しているはずである。浪曲・講談で繰り返し語られ、映画にも登場していたからだ。しかし、大衆文芸・芸能がすたれ、テレビが民衆の記憶を支配するようになると、こうしたヒーローたちは民衆からも忘れられた。いわんや、歴史学者が彼らを取りあげるようなことはほとんどなかった。

しかし、そうした無関心の中で、彼らを忘却の淵から救い出し、正当な歴史の光を当てようと孤軍奮闘している歴史家がいる。『清水次郎長と幕末維新』（岩波書店）でアウトローの歴史へのアプローチを確立した著者である。本書は、次郎長の最大のライバルだった黒駒勝蔵を最終的な射程におさめながら、竹居安五郎、勢力《せいりき》富五郎、武州石原村幸次郎、国定忠治らの「活躍」を歴史学のふるいにかけようとする試みである。

冒頭語られるのは嘉永六年六月八日の深夜に決行された竹居安五郎の島抜けである。すなわち甲州竹居村無宿の安五郎は六人の仲間とかたって、流刑地新島の漁師二人を人質に取り、快速漁船で伊豆網代に上陸する。漁師たちは網代沖で海に飛び込み、御用船に通報するが、なぜか役人たちはまともにとりあわず、安五郎らはまんまと逃げおおせる。とりわけ、安五郎は兄弟分である間宮村の博徒久八の手助けを受け、故郷に帰りつくと、子分の黒駒勝蔵を配下に従えて大親分として売り出していく。じつは、このとき、大事件が起こっていて、韮山代官江川太郎左衛門は下田に出掛けていたのだ。いわずと知れた黒船の来航である。

幕末維新幕府倒壊に向かって外から黒船が恐るべき圧力となって幕府に襲いかかった。と同時に無宿者のアウトローが、支配秩序のスキ間を縫って堂々と公的世界に踊り出たのである。小説のような巧みな導入部である。だが、著者は小説家ではなく歴史学者である。ゆえに、偶然の一致の一言で片付けるわけにはいかない。つまり、安五郎はなぜ逃げ果《おお》せ、さらに俠客としてカムバックできたのか、その原因を歴史的資料から明らかにしてゆく。

第一の疑問は、江川太郎左衛門が幕府に抜擢され、一年後のペリー再来までに品川沖に砲台を築く仕事を命じられたことと関係している。砲台を築くには膨大な数の人足が必要だが、その人足は大親分の久八の仲介なしには集まらなかったのである。久八は別名大場久八というがその「大場」は「台場」が誤って伝えられたものという。

一方、安五郎が俠客としてカムバックできたのは実家の中村家が竹居村で名主として重きをなしていたことが背景にある。用水権や入会権を巡って村同士の紛争が絶えなかった甲州では、名主は必然的に地域の調停役を演じたり、あるいは配下を従えて自衛の戦いに打って出なくてはならなかったが、それが結局、中村家をして地域暴力集団の長となるよう運命づけ、安五郎は故郷のヒーローとなりえたのである。

ところで、安五郎の島抜け騒ぎがあった嘉永年間は各地で博徒集団が幕府を相手に大立ち回りを演じた時代としても知られる。関東取締出役配下の五、六百人を相手に万歳山に立てこもった下総の勢力富五郎、無宿者二十人を率いて武州一帯を荒らし回った石原村無宿幸次郎。彼らは鉄砲で武装し、徹底抗戦の末、殺されたり自害した。これに国定忠治を加えた博徒集団の伝説は嘉永水滸伝として大衆文芸や錦絵に取り入れられた。

では、肝心の安五郎のその後の運命はどうなったのか？　安五郎が島抜けの勲章とともに故郷に戻ったことが無宿者の勢力地図を塗り変える結果を呼んだのである。「幕府の指名手配中の最重要人物を捕らえようとする勘定奉行・関東取締出役に協力するグループと安五郎との種々のつながりからこれに敢えて敵対も辞さないグループへの二極化の趨勢《すうせい》である」

後者のグループの代表が黒駒勝蔵。前者のそれは国分三蔵。両者は抗争を繰り返したが、ついに安五郎は逮捕され、獄中死する。ちなみに清水次郎長は国分三蔵に味方し、勝蔵と激しく対立した。そこから悪役黒駒勝蔵のイメージが生まれたのだが、実際の勝蔵はもっと複雑でスケールの大きい人物である。

というのも、幕府のお尋ね者黒駒勝蔵は慶応四年の正月、なんと官軍赤報隊の隊長池田勝馬となって姿を現すからだ。勝蔵は同郷の神主で草莽の志士である武藤藤太と関係があり、ともに甲府城攻略を企てたさいに知り合った相楽総三を介して赤報隊に参加したらしい。しかし、赤報隊が偽官軍と見なされたあたりから黒駒勝蔵の運命は暗転する。明治四年、第一遊撃隊への帰隊の日限を守れなかったことを理由に、勝蔵は斬刑に処せられてしまう。幕府に対抗する暴力として維新政府に利用されたあげくに捨てられた黒駒勝蔵や哀れ。

アウトローという観点から幕末維新を眺めると、別の歴史が見えてくる。

鹿島　茂

(『鹿島茂の書評大全 和物篇』毎日新聞社、二〇〇七年、収録)

本書は二〇〇四年二月、ちくま新書として刊行された。

はじめての民俗学　宮田登

現代社会に生きる人々が抱く不安や畏れ、怖さの源はどこにあるのか。民俗学の入門的知識をやさしく説きつつ、現代社会に潜むフォークロアに迫る。

南方熊楠随筆集　益田勝実編

博覧強記にして奔放不羈、稀代の天才にして孤高の自由人・南方熊楠。この猥雑なまでに豊饒な不世出の頭脳のエッセンス。（益田勝実）

奇談雑史　宮負定雄　佐藤正英／武田由紀子校訂・注

霊異、怨霊、幽明界など、さまざまな奇異な話の集大成。柳田国男は、本書より名論文「山の神とヲコゼ」を生み出す。日本民俗学、説話文学の幻の名著。

贈与論　マルセル・モース　吉田禎吾／江川純一訳

「贈与と交換こそが根源的人類社会を創出した」。人類学、宗教学、経済学ほか諸学に多大の影響を与えた不朽の名著、待望の新訳決定版。

山口昌男コレクション　山口昌男　今福龍太編

20世紀後半の思想界を疾走した著者の代表的論考をほぼ刊行編年順に収録。この独創的な人類学者＝思想家の知の世界を一冊で総覧する。（今福龍太）

貧困の文化　オスカー・ルイス　高山智博／染谷臣道／宮本勝訳

大都市に暮らす貧困家庭を対象とした、画期的なフィールドワーク。発表されるや大きなセンセーションを巻き起こした都市人類学の先駆的書物。

身ぶりと言葉　アンドレ・ルロワ＝グーラン　荒木亨訳

先史学・社会文化人類学の泰斗の代表作。人の生物学的進化、人類学的発展、大脳の発達、言語の文化的機能を壮大なスケールで描いた大著。（松岡正剛）

アスディワル武勲詩　C・レヴィ＝ストロース　西澤文昭訳　内堀基光解説

北米先住民に様々な形で残る神話を比較考量。『神話論理』へと結実する、レヴィ＝ストロース初期神話分析の軌跡と手法をあざやかに伝える記念碑的名著。

日本の歴史をよみなおす（全）　網野善彦

中世日本に新しい光をあて、その真実と多彩な横顔を平明に語り、日本社会のイメージを根本から問い直す。超ロングセラーを続編と併せ文庫化。

ちくま学芸文庫

博徒《ばくと》の幕末《ばくまつ》維新《いしん》

二〇一八年六月十日　第一刷発行

著　者　高橋　敏（たかはし・さとし）

発行者　山野浩一

発行所　株式会社　筑摩書房
東京都台東区蔵前二―五―三　〒一一一―八七五五
振替〇〇一六〇―八―四一二三

装幀者　安野光雅

印刷所　株式会社精興社

製本所　株式会社積信堂

乱丁・落丁本の場合は、左記宛にご送付下さい。
送料小社負担でお取り替えいたします。
ご注文・お問い合わせも左記へお願いします。
筑摩書房サービスセンター
埼玉県さいたま市北区櫛引町二―六〇四　〒三三一―八五〇七
電話番号　〇四八―六五一―〇〇五三

ISBN978-4-480-09874-0 C0121